U0935171

台州文獻叢書

委羽山志
委羽山續志

（明）胡昌賢　輯　（清）王維翰　續輯

國家圖書館出版社

圖書在版編目(CIP)數據

委羽山志　委羽山續志 / (明)胡昌賢輯,(清)王維翰續輯.
-- 北京:國家圖書館出版社,2017.10
(台州文獻叢書)
ISBN 978-7-5013-6135-9

Ⅰ.①委… Ⅱ.①胡… ②王… Ⅲ.①山-地方志-黄巖區-明代 Ⅳ.①K928.3

中國版本圖書館 CIP 數據核字(2017)第 127452 號

書　　名　委羽山志　委羽山續志
著　　者　(明)胡昌賢　輯　(清)王維翰　續輯
責任編輯　張愛芳　靳　諾

出　　版　國家圖書館出版社(100034　北京市西城區文津街 7 號)
(原書目文獻出版社　北京圖書館出版社)
發　　行　010-66114536　66126153　66151313　66175620
66121706(傳真)　66126156(門市部)
E-mail　nlcpress@nlc.cn(郵購)
Website　www.nlcpress.com→投稿中心
經　　銷　新華書店
印　　裝　河北三河弘翰印務有限公司
版　　次　2017 年 10 月第 1 版　2017 年 10 月第 1 次印刷

開　　本　787×1092(毫米)　1/16
印　　張　29

書　　號　ISBN 978-7-5013-6135-9
定　　價　138.00 圓

《台州文獻叢書》編纂指導委員會

《台州文獻叢書》編纂委員會

主　　任　吕振興

副 主 任　陳　波　蔣天平　周　琦　徐三見

委　　員　胡正武　毛　旭　勞宇紅　李先供
　　　　　周禎富　姜金宇　蘇小鋭　李東飛
　　　　　舒建秋　王正炳　丁永德　陳錢明

《台州文獻叢書》古籍編輯部

台州文獻叢書序

台州地處浙江中部沿海，兼得山海之利。獨具特色的自然禀賦，孕育了富有個性又兼容並蓄的台州文化，既有山魂海魄賦予的堅韌、豪邁和奔放，又不失江南水鄉的清麗、細膩和靈秀。在這片山海之間，歷史源遠流長，自古人才輩出，文風昌盛，唐宋以來一度贏得了「小鄒魯」的美譽。

台州文化最鮮明的内核就是和合文化，儒、釋、道「三峰並峙」，圓融貫通，這被習總書記譽爲中華傳統文化的精髓之一。和合文化的發展傳承，深深融匯於台州人的血液之中，也爲城市注入了靈魂。特别是改革開放以來，台州深厚的傳統文化與改革開放的時代精神相融合，進一步融匯昇華，迸發出了强大的精神力量。

傳承發揚古老的台州文化，就要搶救、保護、傳承好祖先傳下來的文化典籍。台州的文獻典籍遺存博大精深，據民國三年（一九一四）項士元先生撰著的《台州經籍志》統計，有四千五百三十二部之多，其中收入《四庫全書》者五十部，列於「四庫存目」者六十四部。可以説，台州人士所著經典，已經成爲中華典籍寶庫的重要組成部分。

對卷帙浩繁的台州文獻典籍進行系統地梳理、歸集和闡釋，編輯出版《台州文獻叢書》，十分必要，這在台州文化史上具有里程碑意義。這樣一部完整的地方文獻，就是台州地方歷史文化的結晶，爲世人打開瞭解地方文化的窗戶。感謝台州文化工作者，經過多年的精心耕耘，最終完成了這項浩繁的系統工程，成就了一部鮮活生動、可以讓尋常百姓涉足感受的文化巨製，使更多讀者可以從中瞭解台州、感受台州、讀懂台州。

讓這棵扎根在台州大地的文化古樹抽新枝、發新芽，更加鬱鬱葱葱、枝繁葉茂，願優秀的歷史文化更好地傳承和弘揚，服務當代，惠澤未來。

中共台州市委書記 王昌榮

二〇一六年八月

台州文獻叢書出版引言

台州素有文化之邦的美譽，整理和出版《台州文獻叢書》，既是台州文化强市建設的重大舉措，也是台州市委、市政府決定的一項重大文化工程。

台州歷史文獻是台州歷代先賢用他們的思想和智慧築就的不朽豐碑，是承載台州歷史發展進程的華章大輅。如何保護好、利用好祖先留給我們的文化瑰寶，無疑是擺在我們這一代人面前刻不容緩的一個重大課題。古籍重在保護。保護的手段不僅僅只是科學的保管，更需要持續不斷的傳承，而傳承的最好方法就是出版。加快歷史文獻的整理和出版，上承祖宗恩澤，下開子孫福蔭，厥功至偉。

台州歷史文獻的出版，秉持影印與點校兩條腿走路的方針，保護和利用並重。影印有利於對古籍的保護，又側重文獻的存真；點校則着眼於擴大傳承群體，又意在强化傳播功能。對於需要彼此兼顧的文獻，則雙管齊下，既點校出版，又影印出版。

整理和出版歷史文獻永遠没有句號，我們的原則是：凡力所能及者，傾其心力，精益求精，不斷探索，砥礪前行。

《台州文獻叢書》編纂委員會

二〇一七年八月

卷羽山志

德清俞樾題

俞樾印

同治九年歲次庚午

陽月委羽石室重梓

委羽山志序

越中名山如天台雁宕括蒼會稽山陰未易更僕數委羽在諸山中大不踰撮而居天下洞天之二所謂山不在高有仙則名矣跡其往事軒轅藏書奉林控寉李士釣鯉范錡賜鏞其較著者也又傳洞之異有霓裳仙姊逍遙杉檜松竹間洞前有琪樹如吾揚之瓊花入洞深窅叵測行數日不竟方井可煮丹井瑞井泉可療疾諸仙秘景有非耳目所睹記者第其勝概雜出於真誥鑒笈述異登真諸書而無耑紀茂才胡生伯榮博采羣籍

搜括遺文及騷人片語墨士選題悉裒而彙之曰委羽
山志斯志成而千百瑰異之蹤眩心驚目大有空明之
天始得有所稱說攷證巍然跨越中諸勝而帝之矣不
佞領是邑樸樕無所長頗有康樂之僻常飛舄來崔亭
過二徐草堂尋劉李司馬之遺而未得其全若胡生者
實獲我心古今在手烟霞在胸即上眞寶籙何以加此
假令秦漢之君逆睹斯志又何必引領蓬壺宴洄島
也耶抑不佞又有感焉塵埃野馬以息相吹譬彼空花
還結空果惟是青山白雲繇有鄉力士君子苟得目不

朽之技託之名山便足千古廼胡生躭躭好古厭棄公車業願勒一家言藏之此山中意念誠遠矣此志其一也余故喜而爲之弁諸首萬曆壬寅春仲海虞張仲孝百原甫書于黄邑之靖共堂

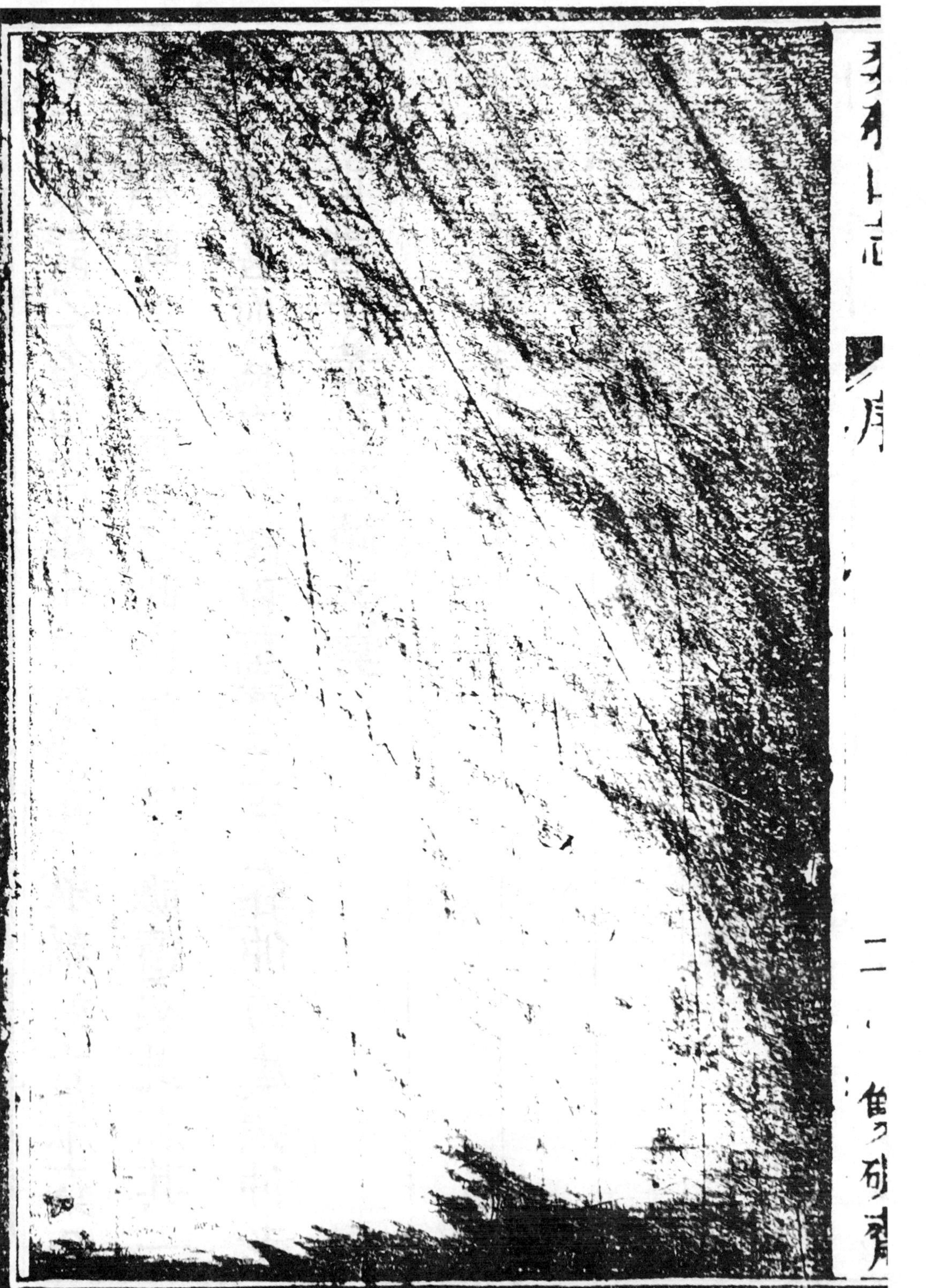

委羽山志小引

予少習章句迨萬曆庚子恥列諸生遂有煙霞之癖所游名山勝水各有其誌獨吾邑委羽道書稱爲第二洞天可無紀勝之編乎爰覽郡邑志乘僅記丌事何異蠡測海耶予喟然太息遍索群籍詢[illegible]哀爲誌又得友人李希莫致訂爲目者七爲卷者六丌題詠或已往所未著將來所未文者別爲附遺以錄之書成進于邑大夫海虞張侯披閱仍捐金目壽諸梓竣工則壬寅二月初吉也

懷沖道人胡昌賢識

委羽山志凡例

一吾邑自方氏兵燹載籍已罹煨燼至我 朝嘉靖壬子又遭寇燹益罕其傳余緣是探索博訪有年始克成志然耆見有限觀者弗以遺漏爲誚

一委羽山有黃帝藏丹經事邑志乘皆不載予閱脩行記始撮其事列于傳首

一本山原名羣龜一名龜蓋一名俱依至周劉奉林控[illegible]復因名委羽軒轅傳中亦稱委羽此从[illegible]進脩行記後述故也如本傳稱會稽天台

之類

一詩專咏委羽者則不更書其題間有兼別意者則隨其原題錄入若詩之工拙自有濾眼在

一姓氏係異方者皆書其地惟本邑不書以節便也

八十老人蔡必照鐫

凡例終

委羽山志目録

目録終

委羽山志卷一

文林郎黄巖縣令海虞張仲孝發刊

邑人　胡昌賢伯舉修輯

李邦穟希英叅攷

委羽山圖
第二洞
洞
碑
西江

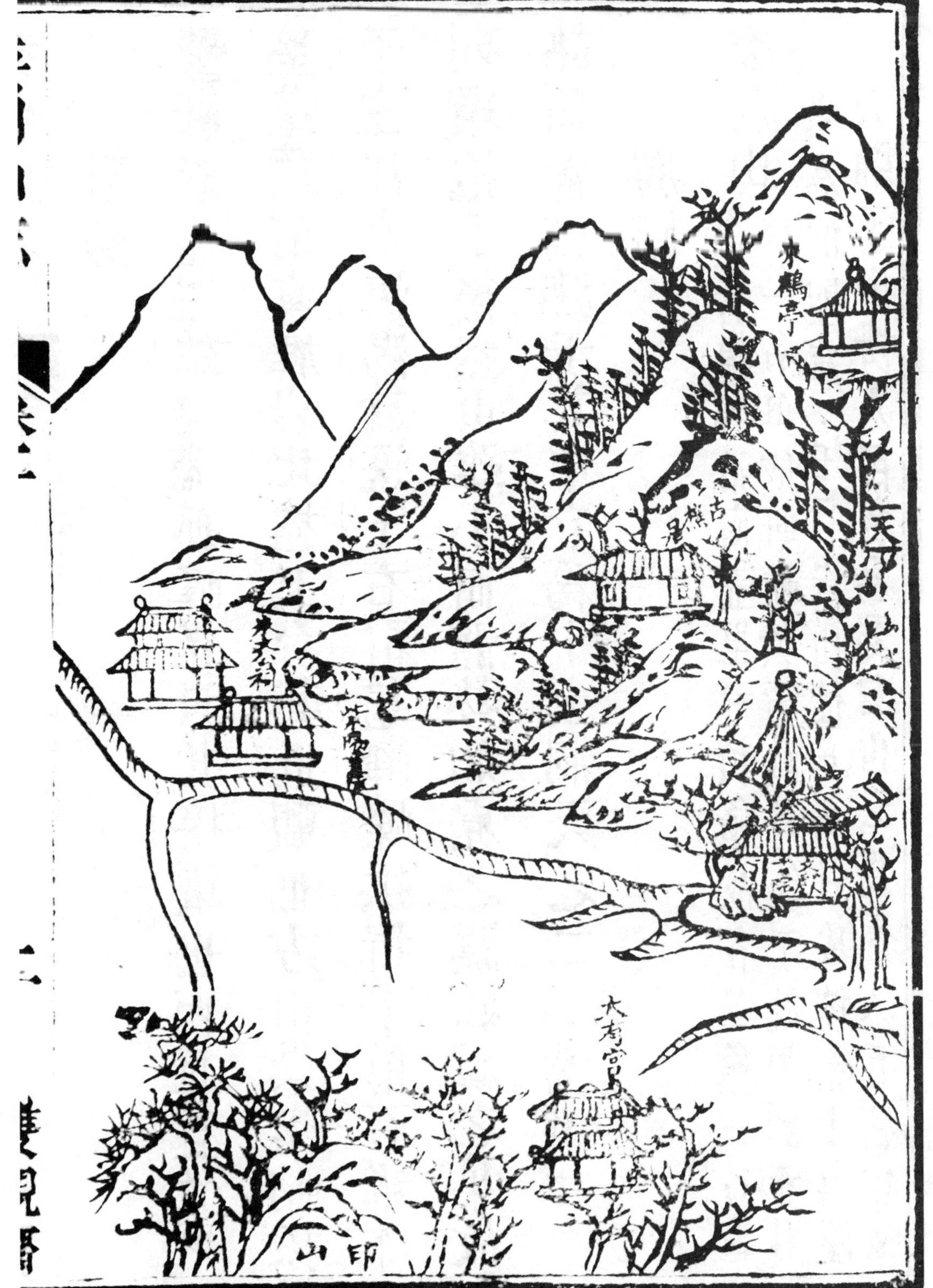
來鶴亭
太虛宮
印山

形勢

鬱鬱龜（音丘）兹（音慈）孤峰崔嵬其接壤也西亘蓋竹東望灌莽南連雁宕北控天台其近觀也方山崇崇峭拔于左江水湯湯旋遶于右群龜崢嶸拱揖于前百雉森列環抱于後然山雖小而體勢如虎之踞如鳳之集故諸仙常棲跡于其中宜爲十大洞天之二（二當作一）

勝蹟

委羽山　在黃巖縣治南五里形類龜故名翠龜一名龜兹一名俱依軒轅黃帝藏丹經于此周劉奉林慕爲仙聖窟宅自嵩山徙居焉丹成控隺上昇墜大翮于山樹人因名爲委羽山云周李八百赭伯玄

漢西霣子都司馬季主輩數十人皆於此得道詳載本傳

委羽洞在山之東北按十大洞天記云第二爲委羽山洞周廻一万里名大有空明之天在台州邵司馬季主爲大有眞人所理一云青童君主之登眞隱訣眞誥皆云委羽山天下第二洞號大有空明之天舊傳有道士負燭一篋然入洞中行數日燭盡然指齒之聲櫓聲而返疑與東海相通云又嘗有羣女桑衣洞口或消揺于松杉竹柏之下遥望之形色婉媚即之不可得昏莫或叩里人門求火覓之迹迎從洞中去里人怪之蹤其處越曰其家火室爐一空自是不復見矣輟畊錄亦載其畧赤城類考云洞前舊有石碑上刻劉奉林像歲久殘剥元至正間道士嚴中重立後有牧童戲于下以石擊中右目目隨剥落童懼逃歸迫至門右目痛甚遂亾

淇園在山岡上皆藂竹茂密凌霄有似淇澳之産故名

赤鯉巖在山之北江中相傳司馬季主嘗釣于此而得鉅鯉色純赤故名

方石產山中色類磁石大者如骰子以至極細如莧實者皆有稜角方正光澤琢削天成煮水服之可以療疾舊載云方石雖百碎皆方非也

東仙源在洞前百餘步按七十二福地記云第六東仙源在台州福地七籤云東仙源在黃巖地　仙劉奉林主之

丹井在洞前相傳羣仙皆取此水煉丹故名其深不及三四尺旱潦水無增損味甘天將雨則水面轉緑大雨則大緑小雨則微緑宋范鍔董大方嘗以此水治病

瑞井在洞前二百餘步宋景定中王珏杜文甫李景文昆傳共鑿珏自爲文記之

琪樹產洞前垂條如弱栁結子如碧珠其子一年者青二年者碧三者紅綴條上璀璨相間郎孫綽天台賦謂琪樹璀璨而垂珠是也

鳳竹嘉靖辛酉山中竹皆生穗純類鳥文羽赤喙大如掌人呼為鳳竹

鏞即宋徽宗賜范眞人鍾者置大有宮中叩之其聲洪亮聲數十里鑑而復續或自鳴則天必雨山必崩歷元至我　朝因廢淪落民間洪武甲子邑令收復禁鐘至正統癸亥掌縣事本府通判周旭鑑復納本宮嘉靖丙午邑令林人紀遷于儒學明倫堂為聲教之器壬子冦燹紐斷墮地尚不毀後訓導潘臺續紐復設虡置于堂右今鏞上有欵識可考餘詳載鍾傳中

宮室

大有宮公山東北一里許舊在洞前一百二十步因取大有空明之天而名剏建莫考隋蕭子雲題額至宋紹興壬戌邑令李端民重修道士董大方主之更名為委羽道觀少卿謝伋記淳熙丙午邑令鄭克巳又修後圮咸淳丁卯道士王中立重建詔賜舊名大有宮景炎丙子燬于冦祥興戊寅中立欲卜遷得里

人趙司理崇暇地于邛山側遂改建焉又得里人趙介必岳捨田二頃倡助及成軒豁宏麗宮觀爲兩浙冠學士承旨留夢炎記元至正壬辰道士嚴中重建洞前道觀後圯其中立所遷邛山宮至洪武戊辰圯惟存正殿永樂戊戌又爲風雨摧壞宣德甲寅通判周旭鑑重建禮部侍郎錢習禮記嘉靖丁巳邑令汪汝達修兵部郎中金立相記

委羽寺在洞前三國吳赤烏中建名東源寺因東仙源而名歲久圯壞重建莫考元至順辛未僧無住重遷于山陽侍講學士黃溍記　皇明永樂丙戌毀于火丁亥復建于舊址改今名嗣後圯建不一萬曆壬午復修葺云

來雀亭在山頂元末劉德玄建

二徐宅在山之西宋名儒徐中行構忠孝亭中羅提刑適李郡守謙相繼疏薦皆不就時、章蔡柄國寳遂善類每聞輒泪下盡毀其所爲文變易冠服自臨海入委羽山中居焉　子庭筠能世其學後朱子賦詩有道學傳千古東甌說二徐門清一壺水家富五車書之句詳載宋史陳忠肅公集朱子大全赤城詩集赤城文集石子重所作墓志及郡志邑志

古樵隱者居 元商復古號古樵隱者宋侍郎飛卿裔孫少穎悟不凡敦尚志節積學纘言遭天下多故自臨海挈家居於委羽山中鶡冠鶉衣采樵樹藝以給朝夕候親左右无違教子弟以孝弟或勸之仕則曰物各有適仕非吾願也

雲中生草廬 許彌字廷輔邑人抱文武才畧元末養晦自高結草廬山中居之自號雲中生至國朝首開文教遂出就試舉鄉試第二官終沔陽倅詳見宋太史集

六先生祠 在山之東元至正甲辰樞密副使邑人劉仁本建以祀宋儒徐中行徐庭筠趙師淵杜燁

杜知仁郭磊卿六人
詳見文獻書院碑記

朱文公祠去山之東一里許嘉靖丙辰邑令汪汝達改
樂崇院以祀文公又以邑之及門者杜燁趙
師淵林鼐杜知仁林鼒趙師夏趙師雍杜貫道池從
周趙師端趙師蒧十一人配春秋二祭

文獻書院在山之東元劉仁本建以祀朱文公配以杜
清獻公福建叅政李震遠記

紫陽書院在朱文公祠後
邑令汪汝達建

委羽山志卷一

委羽山志卷二

邑人　胡昌賢伯舉修輯
李邦樾希英參考

僊道

太古

軒轅黃帝慕道周游四方求解三一眞气之要遂南浮于江登會稽至天台受金液神丹之方鍊九鼎𡉏丹于縉雲𡉏丹並𠯁丹壚傳於玄子重盟而付之以丹經藏于委羽山承𠯁美玉覆𠯁盤石金簡玉字刻其

文夏禹得此書合丹成道藏于會稽山漢張道陵得
此書合丹成道藏于雲臺山
又以霛寶五符眞文金簡書之一通藏于鍾山一通
藏于宛委山見修行記仙史又金太微黃書經云天
眞三皇藏入會出文於委羽山　按吳越春秋云禹案
黃帝中經曆曰九山
東南天柱號曰宛委赤帝在闕其巖之巔承以文玉
覆以盤石其書金簡青玉爲字編以白銀皆瑑其文
禹乃東巡登衡嶽血白馬以祭不幸所求禹乃登山
仰天而嘯因夢見赤繡衣男子自稱玄夷蒼水使者
聞帝使文命于斯故來候之非厥歲月將告以期無
爲戲吟故倚覆釜之山東顧謂禹曰欲得我山神書
者齋于黃帝巖嶽之下三月庚子登山發石金簡之書
存矣禹退又齋三月庚子登宛委山發金簡之書案
金簡玉字得通水之理按此卽霛寶五符眞文耳與
委羽藏同而書異非一事而誤錄也

周李八百名脫蜀人修長生之道于筠陽五龍岡曆夏商迨周八百歲又動則行八百里皆人因號李八百周穆王時歸蜀金堂山合九華丹丹成公游五岳陟王屋登括蒼至天台入委羽遍歷十大洞天二百餘年還蜀後於三學山上昇號紫陽眞君見混元實錄九域志觀圖經

劉奉林學道于嵩山能閉气三日不息積四百餘秊三合神丹爲邪物所敗但服黃連得不死慕俱依山乃仙聖窟宅自有神物護持卽徙居焉丹成服之遂控

崔上昇墜大翮于山椒後人因名爲委羽號劉爲大有眞人云見素仙子傳眞誥 仙史雲笈七籤三台怪眞志一統志

明禮部主事章陬贊曰醇然其躬粹然其容與羽爲徒翺翔太空委山椒之脩翮遺萬古之遐蹤想彌節于方丈希逸駕于閬風尙霙丹之可就期脫屣以相從

趙伯玄不知何許人嘗師萬始先生受書成道當登金闕而無招霧致眞豁落七元二符退居戎山七年從詣眞小童依盟受之誓于委羽山得昇爲上淸左司

君見眞王光八景飛經仙苑編珠

【漢】

西霛子都老人玄仙女也嘗于委羽山脩道四方从之者甚衆後白日昇天見洞仙傳仙史廣列仙傳

司馬季主楚人卜于長安東市賈誼宋忠相謂曰吾聞古之聖人不居朝廷或在卜醫之中遂同游卜肆觀季主譚論相與嘆異而去後季主攜子女入委羽山大有宮中師西霛子都受石精金光藏景化形之道道成顏如少女鬒髮三尺黑如漆旣上昇留枕席以代形

如其眞身令家人瘞於蜀盤山之南見洞仙傳眞誥雲笈七籤仙史廣列仙傳

鮑赤陽甯人趙王張耳張敖之大夫也少好養生服桂屑與司馬季主同在委羽山師西霧子都後尸解見洞仙傳仙史廣列仙傳

周蓁山字季道汝陰人周勃七世孫自𭃂好道嘗來委羽山遇司馬季主盡得其術後於桐柏山得道又還常山石室中精修九十餘年白日昇天見內傳仙史

劉諷字偉恩潁州人仕爲公車司馬嘗師司馬季主得

服日月精華出道數至委羽後還家托形杖履而去見仙史廣列仙傳

黄子陽後魏人學道博落山中九十餘年但食桃皮飲石中黄水後入委羽問道于司馬季主季主以導仙八方與之遂能度世見登眞仙訣

司馬浩青季主子也濟華季主女也皆在委羽山得道見眞誥仙史

青童君不知何許人嘗至委羽山修道道袟充四徹遂遍游天下名山不知所終見石室登名記

中元丈人不知何許人得道於委羽山見搜仙傳

青谷先生嘗修九息服氣之道師中元丈人于委羽山後合爐火大丹服之得仙見樂史搜仙傳

青廬子嘗與青苔先生同師中元丈人於委羽有變化之術見搜仙傳

段季正不知何許人嘗在委羽山修鍊得仙見石室登名記

晉

葛洪字稚川句容人好神仙導引之法嘗至邑丹厓委羽又取邑西定光觀前池水鍊丹至今池水時或飛

躍見登眞仙訣
永寧樵話

梁

蕭子雲字景春南齊高祖之孫封郡公嘗好神仙師事杜曇永得其秘訣每至委羽鍊丹手書大有宮額一日有使人降庭中言郁木溪可以久居乃徙入焉後得上帝玉册封爲袁州長史無何輕舉見脩眞錄仙史廣列仙傳

唐

牟愔泰山人家于縉雲少自明經擢第授夾江尉棄官歸隱括蒼山志慕道術一日與青蓮觀道士飲于阮

客洞酒中忽仆地七日乃悟云初見一人自云雲英邀入洞中石間有物迸出曰此青霙芝也食之得仙惜取食之自後遂辟穀行如飛乃游天台赤城入委羽得仙見仙史括蒼彙紀一統志

杜光庭字賓聖號東瀛子天台人或作縉雲人博極羣書志趣超邁懿宗時與鄭雲叟賦萬言不中遂入道嘗往來委羽山中乾符初鄭畋薦于朝僖宗召見賜紫服充麟德殿文章應制當時推服預知黃巢爲亂乞還乃入蜀青城隱焉中和末王建僭號起之不屈後夢

上帝召爲岷峩主司一日披洽服趺坐而化年八十一

顔色不變異香滿室人謂尸解云見仙史天合志一統志

〔宋〕

洪濛子鳳翔人好道與种放劉海蟾爲友師事陳希夷

先生後游赤城至委羽山得道見石室登名記

范錡邑人生旹神光滿室異香三日不散自幼好道後

修鍊于委羽山得道政和中徽宗有疾諸醫治不効

詔求天下神醫或以錡應詔上召見錡治以符水疾

隨愈賜爵與金皆不受問所志曰願游内府足矣上

許之即合內官導入遂得遍閱諸寶見上真玉像及
一劍一鏞則撫玩再三內官以聞上即以三物賜之
并賜真人道號錡以三物投御溝書符置其上須臾
不見已而請還山三物自委羽丹井中浮出遂內于
太有宮二日錡外至諸神失迎迓禮盛怒口中吐火
宮像自焚其上真及寶劍淩空而去人以溺穢鏞乃
得留後忽一夕沐浴登樓時夜將半見中聳天樂之
音詰旦眡之趺坐而化人謂尸解云賜莝邑龜與所
製有祕邪天蓬尺其裔孫一龍至今藏焉

董大方邑人有道術紹興中邑令李端民合大方居大
　大有宮大方昌符水治疾輒愈人爭禮之
王中立字定民天台人母將產夜夢有乘白鶴者止於
前舍遂生中立自幼穎異過人及長度爲道士居桐
柏宮淳祐癸丑來登委羽至夕寢忽夢一羽士手握
羽扇其上題云念於明處須堅守事到空時好力行
舉以授中立曰三五爲期當復會此若有所屬至理
宗度宗皆命隨朝充高士陞鑑義左右階道籙主領
西太乙宮一夕復夢前羽士曰尚記前約否中立乃

悟詩中有空明二字此必委羽仙人屬豕以香燈之傳屈指今十五年蓋三五期也卽以前夢聞于上遂領度牒以資營建及成仍賜大有宮額尋燬于火後復啟建至元癸未承應得旨護持丙戌以營繕未完奏乞還京宣授仁靖純素眞人賜金冠服寶紱上眞壽星玉像御香等物有語録藏于桐柏宮史孝祥序

元

北莊臮邑人狀貌神異精通道術至正間旱於大有宮祈雨禁屠沽旁有淫祠能爲妖邑人畏之有私宰牲以祭

者茁泉輒於本宫焚檄除之其祠忽自火

嚴中邑人居委羽有道術至正間賜號弘道通玄大師仍賜金襴紫服重修道觀刻劉奉林像置洞前

皇明

陳茁字甫中不知何許人元末隱居委羽守道自高間出游闤闠人問其居則指山示之嗜學能詩文善書畫落筆過人　國初游江湖已而返故山閉門謝客註道德經及玄牝賦後莫知所終高太史啟有贈茁明道人詩意者其即茁云

委羽山志卷三

胡昌賢伯舉修輯
巴人
李邦璣希英參攷

記文

委羽山紀事

陶宗儀字九成元末巴人

吾台之黃巖諸山脈絡相聯自縣治南陸行四五里有委羽山距邑如錦繡屏風佹若伏龜蹲虎長林鬱蔚幽澗洽合干態萬狀不可殫其勝中藏洞穴道家所謂空

明洞天是已有好奇賞眞之士秉燭而入行兩日不能窮聞櫓聲而返山產方石大者侶骰子小者比粟粒故老相傳昔有靚妝美女當風清月朗時消揺於竹樹之下或變服扣里人門求水火里人異其狀窃尾之迤邐從洞中去因以爲怪遂穢其地㦸日家忽自燬室廬一空惟妻子僅免遂流離他處人謂穢仙境所致自是仙女不復出矣予幼時尚及見其所焚故址兹特紀其事云

瑞井記

王玨

王玨字赤寳臨海人宋國子博士權本州事死國難

歲景定癸亥冬余偕杜生用之抵巖邑訪李生景文景

傳二生欣予于委羽山中因尋二徐故蹟竟不能得是以傷道學之淪喪弔芳躅于蒿萊徘徊悵望者久之已而相與抵空明洞天時日方午風甃息因晉洞口拂石坐譚黄白之事俄有一樵叟亦息肩于茲焉致辭曰諸君子能談神仙亦知此中琪樹所植之處乎予輩謝弗知叟指曰此前穴者是其處也閱歲久遠忽一夕爲風雷所撥里人斧以爲薪析之有文彩爇之有異香家人驚訝舉而棄之江自是無琪樹矣予曰有是哉是瑞也夫地能産異木或者下有異物乃命奚奴掘之甫尺咫

得方石無算須臾有泉湧出其味清洌甘美二生以爲此地宜井遂命工鑿之因名曰瑞井云嗟嗟物之榮枯有時出處有數向使予輩不至斯地不遇此叟則琪樹無徵醴泉閉塞矣固知士有才抱德巖居穴處者不遇明良延攬則終於草萊而已孰得如是井之名于世也

作瑞井記

重修委羽洞觀記

謝伋字景思上蔡人宋太常少卿寓居本邑

台之黄巖縣南五里有山曰委羽山北有洞父老相傳

數十年前有青衣童子戲洞口居人以溷穢之後竟不見洞前有道觀紹興中石城李君端民令茲邑暇日課農桑至其處始擇道士董大方主之稍給香燈大方以符水治疾輒愈邑人重其術自是二十年間堂殿門廡高敞庖厨湢浴具備遂變荆棘為勝地按大洞記甌越之區大海之涯地産方石真人劉奉林所居也奉林嵩高逸士遭周季世棲焉控鶴輕舉墜一大翮人因名其山曰委羽云予寓居三童[illegible]鐘鼓相聞常游茲山及守縉雲大方遺書求文記之余還書答曰我本山林人主郡

原非所好盍俟歸既而又奉使浙右大方復以書來曰公又度浙而西矣歸期可日月計哉弘農寓公重道相悅欲成勝事許勒貞珉固請予乃記

重建大有宮記

留夢炎 字文光西安人宋丞相 仕元翰林學士

前宗陽常靖高士王君中立退處於委羽山重建大有宮將成至元癸未被召留四載寵眷甚隆賚予甚渥屢請還山久之得遂仍授仁靖純素眞人賜本宮護持聖旨并眞武聖像金璧二區承鎮名山於戲休哉王君具

山始末曰宋前進士留夢炎請記之按委羽在台之黃巖邑南五里道書號大有空明洞天居天下第二世傳周劉奉林于此控鶴輕舉墜大翮故名攷陶隱居眞誥云奉林自嵩高徙入委羽山不載控寉事惟載司馬季主事特詳作季主潛形委羽其同時學道鮑赤陽董亦得解化季主子女泓育濟華俱附見道書許長史穆撰次列仙與楊君羲書疏往復推季主之道而羨委羽之高冲歷歷可考神仙遺蹟所可得而論者舍季主奚適矧老氏之學以抱一爲宗以專氣致柔爲務惟專气致柔故

不夭不折役使萬物有孰大焉惟抱一故徹上徹下虛
中生白空明孰甚焉委羽獨以大有空明稱深得老氏
宗旨宜其古今得道至人由此且致潛養之功洞前舊有
觀宋紹興間道士董大方經理上蔡謝伋爲之記復
百餘年勅賜龍篇山中以無壇宇掃地而祭王君年尚
少興選偕行顧瞻太息夜夢眞人遺囑甚審始慨然有
志興復其住西太乙也抗疏甚力久乃得允營之謚又
領衆宗陽而山中之役弗休丙子天命推移舊觀垂復
俄燼于兵君夙志不渝且顧道北隣於墟塚非所以妥

仙霧乃徙卜卭山右兆新宫焉從僉同也前瞻仙洞背負鼇屏方山據其左大江帶其右若天造地設者由是四明雁宕比隣括蒼金華相望誠王君籌畫之所致也起戊寅閱歲落成前爲大殿奉三清也後爲講堂最後爲拱辰殿居璇極也崇真壇于右三元于左備法教也東序列五師之位西序縣衆真之圖方丈厨庫湢浴各居其所門外鑿池搆亭以供嬉游修禊祓資觴詠也前翙檽星門非禋祀不啓別開竹扉出入舊無恒產今置新田又因廣斥以勤敷菑墾山園以給薪茹俾可繼也

噫若王君可謂有志事竟成者也君平居冲澹淵嘿故能堅守力行不負所託吾知其宗風遠振與名山相無窮矣創始之功豈不大哉故不辭而記之

重修委羽觀記

錢習禮名幹以字行吉水人明禮部右侍郎謚文肅

大有宫在黄巖縣治南五里許委羽山之麓道書爲大有空明洞天周劉奉林于此控寉上昇鶴委大羽於山故名委羽又謂嗣奉林得道于斯者司馬季主鮑赤陽輩予聞此蟬蛻者嘗鑴之金石今無考可質者前碑云

宮建於宋紹興間後燬于兵元至元中常靖高士王中立至京師之宗陽觀罷卜于此殿廡堂宇田園倉廩靡不畢具而壯麗又爲一邑仙都矣元季又燬于兵弗鼎飭者五十餘年歲宣德甲寅久旱苗稿掌縣事台之別駕周侯旭鑑率耆老吳耆輩招赤城道士施嗣眞于茲禱之甘雨沛澍環封之內優渥霑足禾登有秋侯及耆老僉曰祉哉顧茲隘陋弗足以安仙靈乃相與泛材于川輦石于山陶甓于野鼎建大殿甃以珉石飾以丹雘肖玉皇象于中道士朝夕諷誦洞章仰祝　聖壽儕祈

民物之阜康焉落成推道士黃一清來金奎疏事顛末徵予識而鐫于石俾後來者知周侯暨主觀者之勞予稽諸禮天下名山大洞岳瀆凡能興雲吐霧濟民利物者郡邑皆得通祀矧委羽爲江南望耶矧名列洞天具載道書耶矧周侯禱雨獲甘澍之應耶邑人新其廟而崇其祀宜矣乃識其事

重建大有宮記

金立相字道夫臨海人皇明兵部郎中

黃巖地瀕大海民殷士沃雄冠諸邑但依山突兀南

峙據巖之全勝舊傳大有眞人劉奉林冶空明洞晏坐
煉眞一日控隺仙去墜翮山樹復名委羽云宋紹興間石
城使君李端民令茲邑春日勸課農桑至其處始擇道
士董大方主之遂芟去蓁棘刱拓宮宇更元至我　朝
復建大有宮迄正統末宮殿圮壞郡倅周旭鑑葺而新
之毋數十年爲豪右所侵觀之膏地腴田將無餘晦道
士乏貲修復良可嘆哉邑汪侯汝達政暇登委羽旋憩
大有宮詰得其故命籍其田地悉奪還之入其稅修葺殿
宇翊以小屋數十楹環而累土爲廧蓮池石橋瓦甓藉

堅之屬以次完集道士張與寧德侯將建祠肖像立石以垂不朽乃走幣徵予文以記之予欣然曰嘗觀十大洞天志委羽居其二邑雖斥鹵已擅名於天下矣往昔仙人逸士騷客貴卿或韞聲匿跡或暢飲賦詩徜徉其中至今傳記郡乘光照人目則黃巖之有委羽實兩浙之冠蓋也而大有宮之興廢識者不能忘情焉汪侯茲舉可謂有餘才矣故不辭而爲之記

重遷東源寺記　黃滔字晉卿義烏人元翰林學士謚文獻

黃巖州治之南五里有山曰龜山延祐間大比丘無住

禪師定公居之州人皆慕師出風至順二年辛未桑門契如知師雅有延待十方雲水之意爰卽舊圖新得地南隴之平而遷焉州之信女金氏徐氏黃氏共施錢刻木肖圓通大士像莊嚴崇奉蔚爲寶坊今所謂東源禪寺世以甲乙守之者也師處衆集而食不繼則事隳孳居而律不嚴則業墮旣買田若干畝擇其徒廉謹通練者主其出入又推一人爲衆所服者居首座凡禪誦動作威儀之則一遵方丈清規蓋師俗姓趙居邑之西橋高曾祖皆以貲冑從學考亭朱子婣而師者也生宗淵

齠齔篤慈祥稍長事祖父及兄克孝且恭既終養輒肆
覽萬緣謁方山寶公于杭之南屏願改初服而師事焉
公器之旹年二十有八具戒首叅無涯際公於婺之智者
一言立解頓造玄閫豎見鐵山瓊公而歸老是山足不
踰閾者三十年示寂之日得舍利無算遂建塔于山之
西麓迨乙丑夏余忝以非才召還太史屬道由吳會師
之上首弟子一恒不遠千里以寺之始末師之出處徵
予文勒諸貞珉昭示方來按龜山即委羽山俗所謂俱
依山是也道書稱爲第二洞天云有眞人嘗輕舉于此

廼師以世家舊族卽有入室懷寳厥躬退藏於密始也
滅跡韜光終焉順緣闡化於是崇基易搆宅勝面陽佛
燈照大有之天梵宇廓空明之境豈易易哉爲之後者
服其服居其居當知培本濬源蹈規廼矩使無上福田
利益羣品則甲乙之傳其未艾乎肅因一恒之請而書
之若夫工之鉅細費之多寡其末也茲可略云

文獻書院記　　李震遠字達邦邑人元福建泰政

文獻書院乃邑人劉君仁本所建爲祀朱文公而配以
杜清獻公者也復别立祠以祀二徐二杜郭正肅趙太

常諸君子先是耆老阮舜咨輩暨進士周君仔肩士是
議議上當事者竟寢不行劉君獨矍然有慨於中越數
載自温州路捴管進陟樞密副使踵而行之始得上聲
命下之日衆謂千古文獻有托遂擇地於清獻之故里
杜曲先期馳書徵臨川危君素紀其事尋以杜曲斗隘
道遥遂改建於邑南之委羽山然委羽山靈秀宅所鍾
也庀材鳩工不數月而竣事復徵臨海朱君右記之其
記未悉刱造艱難之故劉君乃復屬予予嘗聞之文公
以宋大儒提舉浙東而邑士从游者彬彬最盛師友淵

源有自來矣再傳而得淸獻公豐功峻烈史策爛然可覩使公久於台禺其勛業可勝道哉於戲文公見嫉於侂胄遂致左遷淸獻見惱於嵩之竟終宦鄉正人君子每爲小人所忌如此蓋國家用人得失而國之治亂因之自古及今無毫髮爽余固感一二公爲千古偉人復得祀勝地而道益光豈獨爲一邑之文獻乎哉爰推劉君建立之意勒于貞珉以垂不朽

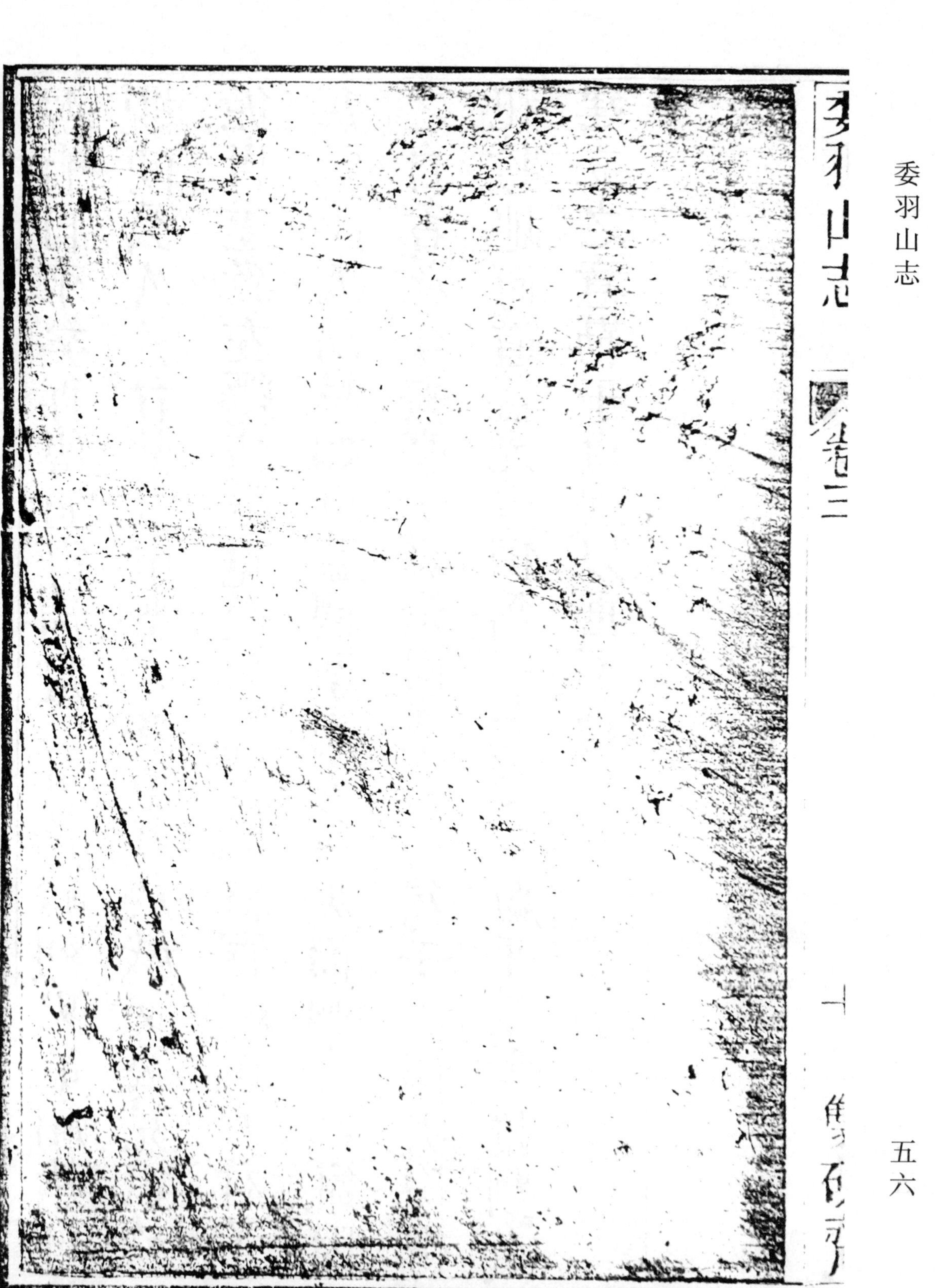
委羽山志　卷三
十　隻石刻

委羽山志卷四

邑人 胡昌賢伯舉修輯
李邦樾希英參攷

題詠

晉

游委羽山

潘端朙名正以字行中大夫守尚書右衛將軍上柱國食邑五萬戶及劉豫簒晉發憤不食而死　案豫當作裕宋武帝名

借問仙游子何年上玉京至今稱委羽霡秀似蓬瀛

南北朝宋

謝靈運小字客兒會稽人永嘉太守

山頭方石在洞口花自開崔背人不見滿地空緑苔

唐

顧况字逋翁姑蘇人著作郎貶饒州司户

昔人乘鶴玉京游翩遺仙洞何幽幽我來尋覓空夷猶烟霞萬磬明清秋何當騎麐騁鳳各瀛洲倏忽能消萬古愁

杜光庭見仙道

窅然霧岫五雲深落翮標名振古今芝朮迎風香馥馥
松欏蔽日影森森从師只擬尋司馬得道終期謁奉林
欲問空明奇勝處地藏方石恰如金

宋

范宗尹 字覺民襄陽人尚書右僕射

暫到山中禮洺壇空明雲气逼人寒當年孤隺知何處
遥想天風墜羽翰

鄭克已 字仁叔括蒼人本邑令

委羽空明天神仙第二洞平郊湧積翠聳鶱騰如展鳳咎

有洗心人白雀雲端控侮翩墜飄風草木隨翩動我來躡遺踪冀得惺塵豪聊采黃精苗犁破靄根種

朱熹字元晦婺源人

山藏方石爛門掩薜蘿深道像千年在衣冠照古心

此詩俗傳乃文公主管台州時作然公為宋大儒出言皆有理趣獨此篇詞意中有未妥況寓台諸集俱無所載豈傳聳者訛耶今亦存之以俟博識君子

王居安字資道龍圖閣直學士

幾日山不到到山心自清稜稜有方石拾得通仙靄

戴復古字式之

秋老山容瘦雲閒自去來野人相對此塵念倏然閒

杜範字成之右丞相

莫訝青山小山回洞得名仙人騎隺去留跡在空明

王珏

瑤草琪花半已空洞門寂寂自春風千秋隻隺無時返

安得蓬萊有路通

李景文名彬以字行鄉舉元徵辟不就

王國風塵暗仙山景物新龍宮逾紫禁隺馭遠朱輪水

融溪上月花發洞門春一似桃源路從今學避秦

李景傳 名材以字行正奏

春風蕩漾轉平林蒼翠重重擁峻岑崔背玉笙吹月遠洞門瑶草鎖雲深酒開仙界疑瓊液歌徹金壇豈大音白首巳知蕉鹿夢任教塵世自浮沉

（元）

潘士驥 字用德

控鶴者誰邓金刀五雲何處風飄飄相傳脩翮遺山椒太古片雪吹不消一點空明境非境方石無言洞門靜玉京望斷不歸來斜陽滿地琪花影

方石

葉嗣孫字本初太平人

洞口拾不盡雲根應旋生錙銖存地象稜角自天成仙
去瞳猶在山靈骨亦輕攜歸到人世袖裏有空明

丁文昇字子高刑部侍郎

空明秀峙茲隆今古十洞稱雄任邟遊人來往山前山
後清風

應夢虎字彥文

乘閒得得到仙家古洞寒雲帶晚霞一自雲禽遺羽翰

千年方石出埿沙碧桃花底眠青鹿丹鼎煙中見白鴉

偶過黄冠話寥寂始知塵外樂無涯

委羽山志卷五

胡昌賢伯舉修輯

邑人 李邦禨希英參攷

題詠

明

游委羽山

鮑原弘名仁濟以字行伊府紀善

欲尋幽心慎白雲來邀仙界孰爲羣煙封洞口人家少日上峰頭樹色分跌鳳丹霞何自得翳磬碧落望空殷

秖緣覺後異牽塵務本悟軒轅八會文

解餘慶字彥善本府經歷

仙人劉奉林何年昇碧落寶鼎封塵埃琪花徵林森藂

古石有文雲深峒無鑰至今山中人悠然望歸隺

葉滋字榮發

嵩高羽客曾來此控隺飛昇望不回玉象天香藏寶閣

翠龜雲气接瓊臺山中方石千年爛洞口桃花幾度開

今日得敘塵夢惺（惺當作醒）何須海上訪蓬萊

贈空明道人

高巍字季廸長州人戶部侍郎

我聞赤城南仙嶠名委羽煙霞閉深峒絕壑飛玉鼠空明中有天日月照寰宇昔人煉丹成騎崔飄飄舉兩翁夙慕道栖此求眞侶玄文夜夜披靈藥朝朝茹歲久必致形昇騰杳何所

王叔英字原采翰林修撰死建文之難

仙子何年昇碧落至今洞口擁晴雲束薪煮石無爲侶獨倚空山到夕曛

徐宗實名垕以字行兵部侍郎死建文之難

洞古多靈芝草山高並赤霞仙游終不返日夕噪羣鴉

應辟辭歸重游委羽山

張羽 字孝翊薦辟不受官

鳳闕辭歸復入山空明洞靜欲燒丹秪愁白髮[illegible]來易郤使黃芽變去難晴日牽花春正暖何人雕雪畫生寒玉書倘得神仙授芝餌從今歲歲餐

李公撈 字志嚴

人度煙霞外雞鳴霄漢間壇空瑤草長花落石苔斑燕臺應難慳流光自等閑誰从千載後隺馭可追攀

戚存心名掄以字行禮部侍郎

空明古洞生紫煙中有眞人年復年丹成一旦控雀仝

翛翛委落茲山巔我來欲問燒丹訣故向雲中歌數闋

身世浮名總不知乾坤自與人間別

盧廷剛名憲以字行谷府長史屢諫王王誣以罪殺死

奉林控雀昇碧天至今姓字人間傳石洞春深長瑶草

丹爐歲久生紫煙一去千年不復返幾度登臨懷莫遣

天風時逐白雲來吹落碧桃花片片

鮑相字廷贊國子監丞

俱依自昔有瑠房春日來游醉羽觴老隺遠歸松樹暝
落花輕泛石泉香玉書可翫無人授瓊液知甘不自嘗
安得飄然方外去任教塵世變滄桑

章日孜名自勤以字行禮部主事

曾沉宦海隔玄關裕署歸來始入山石峒朝朝雲气黯
古碑歲歲蘚痕斑奉林騎隺今何在季主飈輪竟不還
千載仙風如可即願分六藥駐衰顏

林灝字洪端兵部郎中

欲將幽意寄青山花徑風凊洞府閒掃却白雲尋藥鼎

仙人騎鶴幾時還

章陬字仲寅禮部主事

遲日嬉游古洞門笞人曾此駕雲軒欲尋方石緣風磴細閱殘碑拂蘚痕世上不知空歲月就中疑是別乾坤五符雲寶何時授悵對斜陽誰與言

夏時敏名珉以字行廣信敎授

采采靈芝入洞門空明萬里別乾坤藥爐已伏燒丹火雀羽猶看片雪痕谷靜風過生爽籟山深翠擁濕雲根風燈曉露悲人世安得仙官一與論

李宗應 三山人

短褐飄飄入洞門連阡芳草憶王孫花開萬樹饒春色蘚蝕穹碑少字痕碧嶂淡烟迷藥圃清谿流水合仙源此中習靜疑蓬島方外空談有玉尊

蔡堅 字廷白曲靖太守

桂冠與右一身閑萬里歸來隱此山瑤草不殊前度色琪花猶是舊時顔平林日上聳猿嘯古洞雲開見寉還采得金芝堪作饌莫令雙鬢老來斑 右當作古

委羽見桃花

羅洪字從範陝西御史

昔日飛昇碧空裏千樹桃花尚遺此枝枝雲錦燦金壇

簇簇霞綃暎瓊宇我來鎔認武陵源莫遣殘紅逐流水

謝省字世修寶慶太守

昔人此地修丹訣丹成控隺昇天闕風吹落翮在山椒

萬古樵難消片雪桂冠長嘯此山中空明勝槩由天設

洞口桃花歲歲開山頭雲錦朝朝列始知仙界別乾坤

何時飲露餐瓊屑

夏日空明道觀

周鼎貴溪人

嵂矹奇峰擁觀門朱明到此愛風挨蒼苔蝕碣仙留跡
碧樹廻廊雀自翻夢受霙瓜終是幻座收神橘竟難言
洞中復有眞人出玉札金丹好共論

將游委羽夢中得詩二句因續成之

謝鐸字鳴治禮部侍郎

夢入空明洒半斟夢回猶記小仙吟壺中歲月乾坤别
洞口烟霞草樹深萬古風光誰管領百年山水幾登臨
亦知辟穀長生術無柰蒼浪鬢髮侵

余杲字從明衍州同知未任卒

雲作奇峰炎日示欲聽浩露此中游松陰匝地不知暑
風气襲人渾似秋瓊室玲瓏晋道帙蘭橑穿箕枕清流
久爲塵世浮名誤今與仙山誓白頭

童子來 本宫道士

空明入望翠相連玉笈瓊書見列仙天下人稱第二洞
雲間寉去幾千年地實處處餘方石山静朝朝遠俗緣
禹步不違任九跡昭華吹斷紫霄烟

林阜 壽臺人

共說空明好隱淪仙人居處絶囂塵金壇雨過蒼苔滑
蹊徑煙迷碧草春不見胡麻浄澗水秪聞啼鳥喚游人
古碑拂拭喃喃讀始覺儒冠誤此身

鄭文字載道南海人御史左迁本邑令

春日籃輿入洞來洞前桃樹幾枝開山靈應與東風道
莫遣花飛點綠苔
奏罷雲和對夕陽瓊酥空憶一杯嘗仙人已去瑶京遠
春雨年年花自香
策杖向何處空明古洞天風搖松偃仰雲動隺翩躚汲

王烹新茗爇香調綺綻嬉游應盡興秉燭未言還還當作旋

訪章鍊師

道人一室大如斗春到山中何所有雙魚雨後躍深池孤鶯風外啼埀栁世事悠悠幾變遷門外青山天墜久我來游戲更尋真控寉仙人招得不

張永 字孔脩京口人本邑丞

兩袖春風古洞來玉尊遥對五雲開當年羽客歸何處白石磷磷染綠苔

項元簡 字士稜

鳴琴茂宰訪仙來雲鎖松關午未開滿地落花風不掃
共看紅紫繡蒼苔

林歸衆鳥已斜陽仙合還留盡玉觴醉倒雲牀清夢覺
石爐又過幾行香

謝朝宣自號龍渠道人[seal]淮人浙江御史

路入俱依曲更長雲梢獵獵動斜陽山中方石時多少
洞口青衣事渺茫丹鼎煙浮籠淤座藤花鳥蹴落危墻
皇華駐節頻回首直北祥雲是帝鄉

陳學字希賢興國尹

六管飛灰轉一陽脫來塵鞅醉壺觴山靈解得游人意
漏洩寒梅數點香

委羽山餞蔡巨源進士北上用鄺明府韻

施槃字彥器山東副使

琪花滿地映斜陽送別空明醉羽觴君到曲江春正暖
碧桃紅杏總含香

柯昌字廷言陽江尹

露晃行春巳夕陽洞中沉醉紫霞觴它年君亦飛雙舄
處處東風草木香

王弼 字存敬典化太守

還家未出郭出郭爲看山舊路依然在仙家指顧間池
鬲初罷汲竹密不須删鳥語清圓轉應知客到關

與黃汝脩聯句

閑游晴日洞門前弼花草芬芳二月天石罅迸來泉亂
細脩沙痕落盡樹根懸東園竹密山無影弼西崦松高
崔有年卻憶當時讀書處脩至今風景尚依然弼

王從鼎字朝器四川僉事

三山逐浪過江來酒對空明此夕 開翠竹萬竿藏世界

碧桃千樹護樓臺鼎爐伏火知難覓騏驥乘仙亦未回

散髮直須摩斗漢百年能得幾徘徊

毋恩 四川人臨海尹

入浙會登委羽山攜琴此日得躋扳一聲長嘯烟霞外

數著殘棋竹樹間踐草不成三徑扙瞻雲擬佗四隣間

宦情風景偏相洽酒賦斜陽未欲還

蔡禹 三山人

長袖淩風一問仙仙人跨鶴幾千年林花馥馥開叢桂

石竇洽洽落細泉曉雨隨雲過嶺外晚山流翠入樽前

兹游未及開金簡歸讀南華第二篇

文林字宗傳蕪州人温州太守

欲醉還嫌酒力微主人携我坐斜暉雲迷古洞崔長岙

家在荆門客未歸午日煮茶分澗水半空啼鳥落巖扉

扁舟蓑笠五湖闊翹首從今與世違

楊全字初復宣城人本邑丞

委羽山如彩鳳翔勝游邮惜醉壺觴江天日出雲初散

籬落雪消梅正香仙洞有靈方石在古碑無字緑苔荒

登臨極目衡山遠風景分明似故鄉

吳堅字守白

雲物舒和石路平松杉積翠隱空明月斜不盡登臨興又踏南郊月半程

丁熈字克明國子學錄

勝地塵囂隔淸秋眺望賒長懷騎鶴者卻自欲餐霞

陳徵字崇恩榮府紀善

竹枝松葉護瑤宮控鶴仙人竟不逢古洞空明開日月穹碑剝落卧蒿蓬孤雲入望天無際遠澗聞聽韻不窮讀盡黃庭丹可就應敎白叟少如童

胡福 字洪之

洞口秋高煙霧開上清羽客不歸來金壇窈窕空延佇
吟向西風帶月回

徐慶亨 字世嘉禮部主事

平生孟陽同好游尋仙踏遍羣峰頭丈夫襟懷邁千古
朱顏肯為青山羞君不見縣南有山名委羽洞天中寬
萬餘里一自仙人去不回此山永作吾台主翠濤怒起
屋頭松素練翻拖門外水我來一覽興悠哉雲隨兩袖
翩翩舉頓覺詩魂徹骨清不知身在春風裏

黃綰字宗賢禮部尚書

昇仙何處遺空洞碑載千秋謝少卿崔公青霄曾墜羽神游丹闕尚吹笙傳聞周漢誰堪據蹤跡滄桑幾變更回首松間明月上罡風猶下步虛聲

鄭善夫字繼之閩縣人刑部郎中

黃巖黃宗賢爲予築室委羽山招予共學方有心事未果守官鬱鬱輒有東路之思奈故鄉多難欲歸不可行當赴其招矣紀興一首

不分委溝壑上林安一枝官隨年少後拙負故人知發

鼎終難就簞瓢定不辭鄉關方苦亂太公采羽山芝

至委羽山

東海黿兹仙聖居琅玕芝草洞天虚函關已斷青牛駕

委羽忻逢白鹿車

訪空明道士

胡倫字子叙京山尉

簪冠藜杖向何之大有空明一問師白石通宵應獨煑

黄芽易骨許誰知石幢書字投金日翠磬生烟種玉時

蓬鬓十年悲自下今來已負白雲期下當作誤

丁仁 字恒逝高密學諭

夜靜空山裊松內月色明移尊臨洞口一倍照人情

童悅 字思道

仙子遺踪何處尋風高窟杳紫雲深丹房舊址留鉛汞

洞口穹碑自古今爲汲霧泉穿竹徑因尋方石坐花陰

仙凡不是真相隔祇恨無方一洗心

王淮 東鄉人本邑訓導

昔人騎隺入天關脩翮當年委此山瓊室長存丹井冽

洞門深鎖白雲間菲菲瑤草連溪碧燦燦琪花滿目斑

幾度攜壺歷游覽分明別是一人間

江激　字景吳南城人僉事

山名委羽幾千季望望胎仙不復還古木千章啼好鳥

縣厓百道落飛泉邀歡命酒春風裏乘興題詩夕照前

最是聖玄無覓處不如歸誦太淸篇還當作旋

解仲範

何代仙人居此山曾騎白鶴入雲間空明在路通三島

丹竈無方煉九還瓊室午風香篆細石橋流水落花斑

到來頓覺煩襟淨日日盤桓懶出關

晚過空洞

張文樾字季札

十年頻領貧煙蘿此日扶藜峒口過松竹韻隨谿澗出
雲霞影度晚山多青崖放鹿銜瑤草碧漢迴鸞下玉柯
蓬鬢負自憐徒傲睨神仙丹鼎已蹉跎

鄭通字廷濟

瑤草琪花夾小溪挂雲游客到巖扉藥爐火伏丹何在
蓬海風高隺未歸幾疊青山渾舊境百年往事只斜暉
遙看天際紅霞没野鳥翩翩斷續飛

春日與友人泛舟登委羽

蔡紹科 字弘哲大理府守

潮湧江門促進舡，蘭橈共泛小壺天。雲迷遠岸鷗羣臥，雪噴迴瀾漁網牽。苔蘚摩挲先輩碣，笋魚餖飣腐儒筵。酒酣便欲凌蒼漢，詩渴何妨漱玉泉。

符驗 字大充御史

標勝空明寄隱淪，冥心不復染流塵。花然洞口疑相待，雲暖林邊欲作隣。樹舞千年冲漠窟，溪逢何處濯纓人。蒼虬未得徒遙望，歲歲尋芝老此身。冲當作衝

朱黻 字時化

懷仙歌咏入山隈夾路桃花次第開古洞煙霞生白晝斷碑文字覆蒼苔千年方石尋還見一點紅塵飛不來紀興漫題蕉葉上馬蹄歸趁亂雲堆

劉澄 嘉定人 教諭

乘風何處問眞源万里空明別有天花洞事陰春寂寂仙人寉去羽翩翩山中芝朮今猶昔物外煙霞日似年游躅不塵蘭蕙路松間從此借雲眠

朱元渙 字存亮

携壺拄杖訪仙踪八月秋高四望空人去玉京今幾歲洞門深鎖白雲中

汪鯉

爲愛空明此日過洞門深鎖白雲多松交晚翠陰垂徑草合芳緑滿坡跨隺仙人今不返焚脩道士更何如我來欲盡閒游興坐對斜陽發浩歌何如當作如何

游委羽次孫邦采韻

高材字充甫無錫人本邑令

慘慘松花樹樹金仙人跨隺剩空林洞門方石還遺跡

鼎裏玄丹獨悟心笑我未除湖海气憐君能發鳳鸞吟

青春況是天涯暮莫惜花前酒重斟

方紹魁 番禺人訓導

春日遲遲上翠微采芝種朮自忘歸空明洞口桃花笑

笑卻無人被草衣

與四明越文星重游委羽

陳漢 字文望連州教授

越秀歸來日重尋崔篤仙洞門方石爛溪上碧桃鮮鼎

伏千年火山開萬朶蓮四明嘉客對樽酒興悠然

陳聰字克簡

委羽山如畫登臨對夕暉風高玄窟遠洞古白雲依杯酌多醽醁盤飧有蕨薇興闌人欲去嵐氣襲輕衣

朱鵬字時舉

花展探游委羽山埃塵相隔逈人寰幽林花影春長在滿地松陰窟未還細雨忽過山路濕輕雲長鎖洞門關倦行漫策烏藤杖吟破東風第一關花當作著

趙貴泳

載酒來游路半程春深山院十分清花當旭日紅偏媆

梛拂晴煙緑漸明犬吠客來茶竈煖空乘仙去露巢傾

洞門深鎖無塵跡佇聽流鶯三兩聲

王子述字承聘太平人

春日穿雲一布袍爲尋仙跡恣游遨不聞松塢鳴玄雀

惟見山花綴碧桃世事總成長夜夢機關都付壯波濤

玉京望望徒惆悵歸路風生月色高

胡琪字伯瑩太平人

玉洞神仙閟金壇麋鹿游琴開明月照杯近紫霞流竹

蔭宜逃暑花香不問秋憐予竟何侶身世一沙鷗

委羽山志卷六

邑人 胡昌賢伯舉修輯
李邦穟希英叅攷

題詠

明

游委羽山登周秀才樓

林貴兆字道行太平八都邑令

江南游子倦征車大有仙人亦可依珠樹不同雲外霍
薜蘿長掩洞中扉山光入戸侵書幌江影浮空動客衣

任是飄零何用怨習家池閣好忘歸

委羽山酬嶺南定上人

汪洋字貴克

仙窟何年去茲山尚紫氣燒丹非是我卓錫乃逢君八極應難徧三車可暫耷空明今共憩幽意與平分

張世準字時範

踈俗尋仙我獨行春風作伴杖藜輕山中晝永煙雲淨洞裏天寬日月明鳥語漫聽依玉樹壇空一望憶霓旌此時若得燒丹訣不與人間道姓名

王大策字崇勛庠生太平人

崔賓千載上彌羅坤府俱依境若何洞宵祇餘青草合山深惟有白雲多人閒作賦留巖穴酒盡開襟洽薜蘿願得銜書來赤雀莫令歲月易蹉跎

李師德字可度庠生

霜重長林楓葉殷偶攜尊酒坐空山丹爐尚在靈芝老不見仙人跨隺還

陳淝字用涉歲貢生

東風初轉雨初晴翠柳烟中百囀鶯此日空明春正好

且將芳酒破愁城

海冦平九日與友人游委羽

陳允誠名兆佑以字行蜀府審理

氛祲全消靜鼓鼙登眀復得攬幽竒黄花笑插雙蓬鬢白鹿行馴一杖藜嚐昔羽君懐不返今茲詞客喜相攜嬉游且盡杯中酒莫問西巖日暮時

王良宰字政化庠生

迢遞尋霱洞徜徉傍緑林雲封丹竈冷花覆石壇陰竹色疑藏雨松聲恍鼓琴神仙不可見幽磬日沉沉

張世建字時乾

俱依頓舍訪神仙穿穿空明别一天鳥趂栖雲巢古木
山銜落日碓寒泉方壇夜静金生气邃谷年深玉有烟
漫道奉林乘霍公更無高士獻玄玄

陳兆麟字允脩

仙人何代别名山霍羽相傳墜此間悵望千秋天路遠
葦衣披帶片雲還

王紀字子陳壽州判

黄葉溪橋路探遊委羽陰霍歸仙馭遠草長洞門深問

卜憐司馬燒丹憶奉林荒磨看斷碣雲水晚沉沉

陳伯沆字士崔太平人

晚出城南入洞宫黄冠借榻卧雲中五更夢裏天雞叫

恍把芙蓉上太空

蔡世印字舜驗

昔人乘隺公蓬萊古洞陰陰長自開天洒幻成清露滴

羽衣留作白雲來徑斜古院依山静潮落孤舟隔岸廻

方石無言對游客有懷題詠向誰裁

秋日晚過委羽

王淵字靜之光祿署丞

探奇偶過白雲隈控隺仙人去不回玉殿幽幽臨曲澗
洞門寂寂蔭蒼苔前林葉落秋容淡別院鐘殘瞑色開
尚有豐碑鐫勝跡臨風一讀一停杯

同諸社友飲大有宮適歌妓至

朱一符字大驗

開筵當勝地覽物值佳辰院禰含煙軟壇花照水新紫
簫聲碧落瑤臺隔紅塵舞袖催行酒猶疑見玉真

楊軫字崇完

風清石路不生塵仙院閒鎖澗水濱好鳥聲中三月暮晴雲影裏一山春年來洞府無憑主眼底桃花解笑人塵世滄桑君莫問不妨岸醉白綸巾

蔡世欽字舜命

出郭尋眞入翠微琪花瑤草翳殘暉仙人已去雀不返洞府長開雲自飛松下空壇遺藥竈山中方石染苔衣漫游一望江天遠市蜃乘風與世遺

陳現字蘊章庠生

搖落平林天宇淸攜壺結客醉空明斜陽滿地洞門靜

不見雲間有隺鳴

秋白委羽

夏若諏字朝詢

嬾性躭幽僻攜觴幾度來白雲浮隺駕紅葉覆丹室室一作臺

道骨周時覿名山越地開空明深莫測沓道接蓬萊

李從恊字德和

仙嶠高棲一片雲名隨王屋雁行分青童元作千秋主

黃帝曾藏八會文霞起洞門光掩映珠探琪樹影繽紛

外臣雅好探奇勝安得揮戈駐落曛

陳觀復字允東

山前池水浸晴暉洞口寒光尚襲衣長說仙人留隺羽秋深化作白雲飛

王憲字允藤

大有神仙窟春風客到初洞門無隺唳煙雨落花踈

鄭晉之字君遂樂清人

羞將白髮抗塵容來入空明日已舂别院吹簫飄律吕霧泉洗歛起蛟龍炯斜松塢籠秋月風過星壇帶暮鐘欲問當年遺闕事殘碑曾有緑苔封

陳公綸字次經臨海人秀才

倚策遥思劉奉林空山穿歷自清音巖邊碑古埋煙草洞口雲殘轉夕陰白隺無蹤誰復問丹砂有訣若爲尋連村紅樹江天迥搔首斜陽獨浩吟

游委羽山甜䓁中作

符艮夢字徵之秀才

長歌游古洞日夕憇珠林捲幔山光入臨池水色侵禪房明世火雜樹下秋陰萬籟時俱寂寒蟬獨聽唫

黄承忠字伯巳秀才

澄江江上蚤潮平獨放扁舟繞郭行東望滄溟三島碧
南登委羽一峰青丹書未識何年秘古洞惟傳今日名
醉後憑高思羽化自慙猶未斷塵情

來崔亭

胡良夫字文德

捫蘿直上白雲堆翠削芙蓉面面開誰築孤亭望瑶崔
至今不見一歸來

夏應縞字克精

青山窈窕洞門開暇日尋真與客來壇下雙松無塵到

古碑風雨半蒼苔

王承翰字崇傳

空明洞口春日融東風習習吹香芎青山一點市塵隔

横遂數聲天宇空欲覔刀圭蜺凡骨且隨樵牧問仙翁

奉林千載歸何處笑指雲霞縹緲中

陳與賢字振宗蕭山訓導

洞口雲和碧草萋春風吹客一攀躋避烟瑤崔翔空公

夾徑氷桃宿霧迷郤倚石牀斜點筆還將蕉葉坐留題

漫云燒藥成雙翼且學山翁醉伯泥

誕辰會友招集羽洞次韻

林國材 字崇元山東僉事

蕭蕭三徑可投閒回首青雲鬢髮斑好友忽招遊崔洞孤臣遙憶侍　龍顏百年樂事懸弧日千古名區委羽山漫就仙家論甲子天邊倦鳥卻飛還

胡鳴遇 字志應

覽勝歌仙曲空明古洞天飄飄花片片嗚咽水涓涓雲染衣裳濕盤餐筍蕨鮮醉來游未足歸夢應牽

季金 字[illegible] 松門衛人總兵

攜壺探古洞雲鎖偶逢開白崔獼霄公青猨摘果來牽
風搖草帶暎日玉花臺塵俗何時遠空嗟歲月催

過委羽寺

釋成憲字克章

龜茲仙觀對禪扉優鉢花開瑤草肥燒藥人曾騎崔公
看山僧自渡杯歸

張朝弼字寅之秀才

爲愛空明春日來漫拖雙屐印莓苔和歌山鳥穿雲出
對酌巖花捧露開文武丹砂如可就蒼浪鬢髮不教催

王京仙雀何時返長使孤猨入夜哀
大有山房爲黄上仲賦
胡應麟字元瑞金華人
何來江夏客半榻抱雲眠賦割中原地書藏大有天金光紫亂石玉乳映飛泉笑我華陽洞羣年隔暮烟
蔡宗明字稚含禮部郎中
洞口青精手自鋤松間明月坐來疎蘿縈石室新開徑蠹蝕瑯函舊賜書三島夢回還大藥千秋業就薄公車我今已謝人寰事正好从君賦遂初

屠隆字緯真四明人禮部主事

聳說空明洞仙人控鶴行鮮雲栖石室涼月度瑤笙花裏飛泉細松間古路平思君讀書處烟霧入幽楹

焦竑字弱侯翰林脩撰瑯琊人

龍臥躭高尚雲蘿洞壑深草縈當戸帶竹度隔谿陰小酉藏書日中條避世心仙羣如可下鸞隺有遺音

顧起元字太初翰林編脩秣陵人

絕嶠疑無墜中林別有天樹分丘壑色徑隔薜蘿烟紫气回蒼劔青藜起斷編爲看蝨魚跡一一是神仙

陳應薦字顒若太平人選貢

曉隨一片馬頭雲遥入空明日未曛漫倚孤亭懷季主還趨大殿禮元君碧桃風綻春長在玉樹香浮子自紛它日若歸仙窟駕山霧煩爲一相聳

秋日委羽用胡伯舉秀才韻

楊應玄字伯臯句容人本邑丞

乘暇探岩歷翠微凭高心跡兩相依黄花迊徑含風細白雁排空向晚飛仙杳瑶京遺窟羽客來勝境感牛衣塵容竊爲山靈笑好買吴江一棹歸

黃維楫字說仲

勝日試攜尊曉出城南門鬱然青山色草樹迎春蕃僕夫戒修塗威紆駐平蕪羽委雲中寉影飄江上皂羣峰呈翠黛列嶝含晴暉掇菁陟巘莫采藥經崎嶇奉林輕舉處超然令人迷丹砂幻方石玉匣藏霧符拔綠挾仙客歷覽與遐思烟霞討遺跡岩宮紫苾芻殘碑橫草際剝落一字無摩讀不可見裹裒增長吁仙家夾銷歇人代竟何如

周廷忠字篤甫臨海人

仙人跨寉上瑤京留得青山委羽名我獨登臨思往事
白雲縹緲不勝情

釋一弘字了元

久彈玉版覺三乘浄禮空王世世燈偶自出關游古洞
不將飛錫記山陵

林協字子彥太平人

杖藜春日破山微當作薇不見仙人駕鶴飛流水自春溪
上碓晴霞當作雲如鎖洞中扉村沽緑醑情偏逸身當作鼎
變黄芽願已違家是此間堪避世碧桃花下欲忘歸

蔡澥字大秩

空明標勝境昔是海中岑弱水應相接蓬壺大可尋天高玄隺遠洞古白雲深滿地餘瑶草無方覓奉林

謝仙道童承元招滸委羽

丁透字子勲寧海人

日暖鶯啼花正香相逢二妙興何長直從郭裏連行騎同上峰頭醉素郎紫气氤氲凝玉梵綺雲郁丽近芝房漫言委羽荒唐事遼隺城東曾自翔

任陽字應基

裝車尋訪神仙蹤空明古洞深幾重紫芝翳翳雲長滿
玄雀寥寥白日自春玉膏未得瀛洲飲銀鱠但有行厨供
簪冠祖裼與無限吐角含商答莫鐘

李揚之字德雲武英殿儒士

仙界開時豈五丁古來蛻跡自空明雀昇天上遺霜翮
人在雲中吹碧笙塵世未能隨羽化游踪尚欲馭風行
丹臺玉室名如在願偕芝房學煉形

夏與讓字懋謙

憶昔仙人劉奉林乘風駕雀超嶔岑脩翮飄落白雲深

千載游人不可尋天上同羣註瑤籙覔旌想像青山曲

夕陽西下未言歸安得丹砂謚芳躅

陳興孝字振行

萬里空明境仙人不可攀琪花歆古洞丹鼎冷青山樹

窈聳猿嘯風號恍隺還日飛西顥外散誕出雲闗

袁明府招集委羽

吴運嘉字𤣥嘉蘇州人

駐馬青山郭雲兊四野聯笙歌凝莫靄羅綺接長筵玉

洞虛瑤草金壇秘紫烟已陪丹合醉何用别尋仙

毛明葩字天奇太平人

欲向名山自息機空明洞口坐斜暉丹房此日人何在

松塢千秋鶴未歸蒼蘚經春封斷碣白雲滿地濕輕衣

从今欲學燒丹訣舉目江山任是非

陳德遇字允初

洞口桃花千樹開東風吹落點蒼苔我來淨掃雲邊榻

爲待仙人跨鶴回

謝尚誠字从庚

城市多塵俗仙家景獨幽峰高天半隱雲靜洞長留世

事枕中夢入生海上舟空明堪寄跡髣髴赤松游

符良玉字璧之

秋日空明洞尋眞曳杖來霞光聯曠埜松蔭落蒼苔白

雀乘仙去玄猨入夜哀古碑今剝落惆悵一停杯

牟元璸字養琛

夕翠擁山深餘光在仙窟探游任逸興兼得采薇蕨采

懷仰天路高歌對雲闕何時雀背人還來弄明月

謝尚志字从道

煙雲蕭飲入空明叢桂秋風遠世情天路遙遙雞犬宋

洞門窅窅狖猿鳴時看玉樹三花發誰得金丹九轉成

靈寶眞符今未啓夕陽空倚望瑤京

王宗虞字元盛

白雀凌空去枇開洞口花仙人曾蛻跡野客欲移家渴

飲燒丹井飢餐映日霞閒中恣游樂景色杖頭賖

王濡字體之

秋高洞口共徜徉壺竭還教典鷫鸘蘿幌平林懸霧靄

松關長日奏笙簧昔年白雀曾遺翮此日黃花正發香

不覺登臨歸去晚東山已抱玉蟾光

金養浩字惟元太平人

路自清溪入前朝一寺開雲留松下榻花點石邊苔習靜宜山僻思玄畏酒來日斜尋古洞仙犬幾時回

劉行敏字敏求

誰作空明主相傳說那金雀歸丹漢遠門鎖白雲深花影閑移席泉聲靜和琴依然幽勝足片刻淨塵心

委羽山賦

胡昌賢

伊上古之竈兹兮挺奇拔于東濵匪六鰲之共戴兮寔

蛟龍之所經慨滄桒出屢變兮塡斥鹵而爲町疇神明之護持兮爲玄聖之福庭疑結根于泰華兮詎直指于匡衡頫兮如伏龜蹲虎昂兮若舞鳳翔鸞長林鬱鬱兮綺雲畫布幽澗泠泠兮琅風夜寒美哉山川靄秀允矣宇宙奇觀其接壤也西亘蓋竹東望蓬萊南連雁宕北控天台迤則丞宰崇崇于其左兮天梯峭峭于其右長江澎湃而環繞兮羣峰峥嵘于先後魑魅祛而不入兮鸑鷟來而和鳴赤城霞起而高映兮瀑布飛流而遠并琪樹璨璨兮瑶草菲菲方石爛爛兮丹鼎輝輝洞天開

兮大有空明度周迴兮萬里之程登仙靈虛宅顧渺茫當作茫渺而難辨是以羽士窮與秉燭獨行深深莫測杳杳靡當作靡彌聲聳檐聲而始返遂然指目鑒明㮚衣遙見乎翠女主治久傳乎青童曠朗兮玉梵瓊宮幽藹兮松登桂叢蓋此洞之標勝惟王屋而可京雖常典之缺載宜奇紀以稱名或雲笈玉樞或仙史靈符或溟元寶錄或仙苑編珠或登名彙紀或隱訣僊都古今傳之而無益道流覈之而不殊昔三皇之藏八會見黃書當作帝之遺經軒轅之秘冊法付玄子以叮嗑聯金簡刻琅玕

承琭珥覆石盤羌寶訣之久藏慨莫發而長嘆暨神禹出合冊廼復啓而窮覩追奉林之高士自嵩山而來居乘白雀以上昇委一羽於崑崙伯玄師乎萬始李脫號乎紫陽西霧得道義山含光長安季主函枕席昌代形潁川劉諷託杖屨以全靈景春魯書乎棹楔羊愔見邀于雲英洪蒙范錡瑤籙登名芷泉甫申鸞輅載行吁嗟乎往古來今神人代駐乎雲車旣羣仙之游化何層城之不如是吕違世戩道者張翠蓋而樹霓旌搜奇覽勝者采芳芷而拾杜蘅故予馳神而遐思兮欲託處以長

生感幽人之栖隱羨王孫之好游釋常戀以自潔暢獨樂以何求披荷衣兮匿跡偃蕙帶兮韞聲依蘭林以餐霞兮卧耕殿以含精踐赤鯉之釣石兮凭來雀之孤亭悲草廬之不葺兮弔古棋之莫與藹藹濛濛兮見淇園之亩屑瀼瀼濕濕兮覩紫阜之雲崩陟峻岑而扳葛藟兮潛洞壑而采五芝搴巢龜于芳蓮兮縱飛鱗于巨涯朝盼扶桑之翔陽兮夕槃金樞之潛光飯雕胡以爲飽兮羨霧葵以爲嘗搜玉瑑于石室兮煉大藥于雲房期方瞳以易骨兮歷千億之星霜誠賤物而貴身兮乃託好

于老莊苟吾眞之長葆兮又何負乎昂藏

春日委羽

春日攜壺入翠微空明景物正依依嬌簧竹裏新鶯囀
亂拍花間乳蝶飛松老龍成千歲甲峰高雲作四時衣
遙天望斷無鸞輅判得仙人去復歸

大有洞天歌

黃惟楝字上仲秀才

玄中之洞三十六更聞大者十爲目大有稱尻第二天
委羽名應亞王屋丹霞彩霧白日屯別知世外有乾坤

遙聞櫓聲自東海凡人豈得窮其原昔時往往多仙跡
每見飈車下空碧谿谺傾洞霧氣存至今此地遺方石
芝草闌干霜不凋琅玕縹緲炯俱高石牀丹竈依然在
歲歲春風開碧桃誰其主者黃上仲誅茅結屋面茲峒
累月經年不出門囱前閑把丹書諷有時杖策恣游遨
飄飄逸興淩雲霄朝向花前傾玉液夜臨峰頂吹璚簫
簫聲嫋嫋聲未歇起弄松頭一片月枕石夢跨彩鸞翔時
其聳真登絳闕天上微風忽動衣須臾五色霞亂飛珠
宮玉宇開黃道鳳節霓旌朝紫微覺來茫昧不可辨回

首風塵萬事非鼎內丹砂何日就空中黄雀幾時歸劉
仙客司馬氏西霧子都今何似欲从石上問白雲白雲
不語石不起拂衣願自謝人間共上青天脫雙屣

李邦稱字贊仲

天作龜茲大海隅棲眞境界逈塵區北來蒼翠連華頂
南去風雲接雁湖雀墜瑶翎仙勝跡書藏金簡帝眞符
八紘外嶠名齊列日色長臨鄰自殊

空明洞

洞天遥傍五雲開遠地陰陰萬里迴羽客探幽耸檣遊

仙娥乞火向明來門通紫气分函谷觀礙華檐似玉臺

十大玄中標第二護持況是上眞才

訪道士於委羽山中

應子芳字伯芸 案邑志作士芳

不乘海上挂星槎來訪龜茲道士家獨隺嘹嘹雲水冷

九芝蘙蘙歲時賒步虛初罷瀧雕雪燒藥賔成欲命鴉

最是八寰多白髮期君蚤晚一餐霞

王國英字季盈

琪花方石洞天寬千古仙人此煉丹庢事纍纍山下塚

白楊青草晝生寒

王義應字文寵

青山依郭外春日喜登臨把酒停花畔哦詩轉竹林猨啼蒼木靜隺厺白雲沉蕭散空明境神仙不可尋

李邦种字希元秀才

三神海上列仙岑霞秀遥通古洞陰石室光分銀闕丽丹霞色並彩雲深空山有主傳司馬碧落何年返奉林幾度月臨峯頂白秪疑隺馭可追尋

王良謨字伯文

陽春探勝跡栖李正芳妍對景人自醉不用杖頭錢何

時遠塵俗結屋空明前

王朝珉字尙獻

鳥語花開石徑開峒門雲鎖對玄闕瑶京望斷仙難返

十日留連始出山

陳邦鎖字禁甫

此地神仙窟春陽結客游苔新碑字緑松老洞門幽入

會何時啓三精此日求琅風清徹甚欲容更夷猶

李邦程字希式

俱依南峙遠塵囂洞闢空明向紫霄地勝遠分王屋秀霞光高暎赤城標舟湖人去丹書杳縣圃風輕雀蓋遥幾欲憑虚尋舊侶白雲深處望迢迢

張明時字克學

空明炯景媚遍歷侶舟丘玉梵松間靜鐘聲雲外收雀狮天漢遠花發洞門幽會中常使滿此地足淹留

自雁宕還李贊仲招游委羽

馮一寧字靜父臨海人

十日平湖覽勝還遥謫仙携我復尋仙空明洞口流寒月

大有宮前散暝烟摘果青猿過嶺樹銜花白鹿下芝田山風吹却凡緣斷安得雲車駕遠天 還當作旋

李邦穟

昔年誰建彩霓旌玉軑遙遙上太清人世塹縣飛御客天風吹落步虛聲松檜古洞蒼烟合花傍仙源錦浪生我亦當今李八百九華丹藥幾時成

辛順命字秉畏

琪花爛熳洞門開控隺仙人去不回瑞井寒泉空浴日古碑遺像半侵苔含烟弱柳維金勒笑客夭桃映玉杯

一醉相攜尋墜翮樵人浪指白雲堆

王良倖字克沛

仙客騑騏驥飛飛上碧天曾傳遺一羽茲事幾千年壇邊蕃竹樹洞口淡雲烟戀賞沽春酒無緣嚥玉泉

葉希賢字汝執

朝來古洞訪神仙隺去瑶京幾歲年惟有山中春色好陶然且醉百花前

與林子彥游委羽

王萬年字承邑

江郡客到正殘秋攜手來从委羽游觀厰林邊黃葉落
洞臨谷口白雲流蹉跎歲月雙蓬鬢睥睨乾坤一敝裘
安得山中松釀滿與君沉醉破千愁

王鳴藎字汝念

羣山高峙海西頭委羽蒼蒼自一丘宇宙鴻名齊亙古
飄飄霍聚已千秋松蘿古殿元君護苔蘚穹碑謝客留
家在洞門纔咫尺燒丹歲晚更何求

胡昌臯字伯嘉

予本方內士衣布着葛巾一朝發清興迤邐入嶙峋云

是龜茲境窈窕莫與鄰方石峭無語瑤草結重茵中有
空明峒窅窅通三神名起鴻濛後得道非一人惟聳邗
金氏周日來脩眞青龍與白虎燒丹不計春潭皐飾隻
隺調習何其馴盤桓日不浴玉翼霜毛新既可稱宗長
展爲君子身丹成隺夾公飛駕雙車輪乘風委一羽于
今跡已陳豈爲擇凡羽故墮山澗濱一羽輕微甚今古
名大振物自由人顯何必重千鈞所嗤浮世態徙羨羅
入珍百季恒駒隙不顧竟沉淪嗟我凡骨相瓔瑤焉入
唇騏驥難再得無方登玉宸須期拾霙藥餐屯亥內匀

黃芽能自長舉手出風塵

重游

麈角消搖重覽勝俱依鬱鬱隱玄闗潺湲泉切絃中調

靉靆雲開畫裏山春日客來花侶迓古壇雀仝洞仍閒

自憐常抱烟霞癖觴詠斜陽却忘還

施文德字志育秀才

山帶郭斜松筠深護上清家客來十月風爲

千年雪作花來雀亭處銜落日燒丹竈古覆

山櫛處處多方石疑是當時九轉砂

九日友生招登委羽用杜韻

黃鑑志　字慶孝　秀才

憑高萬里海天寬，三益同登一笑驩。爲折黃花簪客鬢，堪憐白髮對儒冠。煙含洞口秋陰冷，風度山椒夕吹寒。片石惟留仙相在，手摹蒼蘚亦難看。

胡璉　字子經　太平人　秀才

春光妍麗絕風煙，遊覽[illegible]明洞裏天。欲得至人傳異秘，先於浮世斷凡緣。法壇丹井餘真跡，玉笈金箱失上篇。宋宋青山徒悵望，千年霍馭幾時旋。

李得春字未茂太平人

言尋勝跡入空明窈窕名山世界清黯淡亂雲歸逕壑微茫踈雨過高城金壇古木玄猨嘯玉室殘碑蒼蘚生憶昔僊人何處去瓊樓十二静吹笙

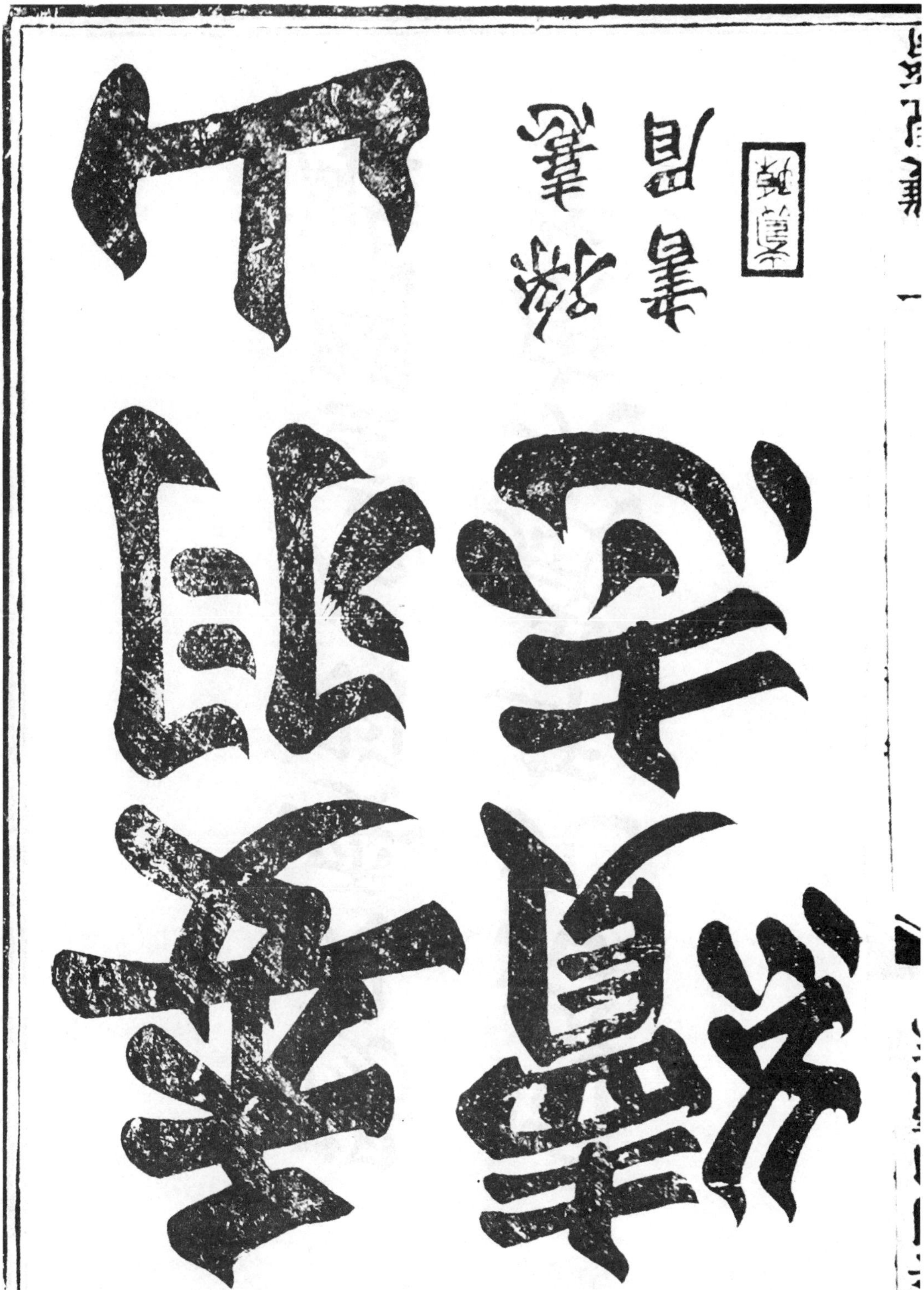

委羽山續志

孫憙書眉

同治九年歲次庚午

陽月委羽石室開雕

余自東甌移守台郡屬有王生名維翰者自黄巖來攜所著羽山續志屬爲之序余聞空明洞天仙聖窟宅又有丹井琪樹錯出於其間是足以息勞形爵吟嘯矣公餘披閲前志雜引羣書多言神仙之事此則於有用之學實有證明余乃知王生之用意良厚非獨爲山靈生色已也夫人殫數年之精力以自成一書必使理欲之界辨於幾微世道人心又確有所關係而後發爲文章可傳於不朽台州自鄭司戶後紫陽朱子爲浙東常平使杜趙諸人從之遊相與講學以明道其學有本源其

風俗亦蒸蒸日上後之人因其遺跡剏爲書院迄於今五百有餘歲矣趨步弗踰淵源不墜其間興廢之故誠未可闕而不講也前志畧之續志詳之讀是書者果能奮發振興熏陶涵育盡戢其武健之風一時桀驁不馴悉潛移而默化謂非今日之急務而爲守土者之所樂聞乎彼言神仙者含眞抱璞泊然寡營非不足淡人求利之念而其說往往不經其不可同年而語也明矣余固知王生之用意良厚非獨爲山靈生色已也因不辭而爲之序

同治三年重陽日署台州府知府黃維誥謹敘

自序

介天台雁蕩之間洞天第二綜仙子鸞翔而後福地無雙山不在高通絳河以呼吸風原自古留丹井以摩崖權輿劉漢之朝畸人特出散絧朱明之季別集仍存吾邑自明 胡伯舉先生作委羽山志搜山水煙霞之趣手訂一編摭風雲月露之詞目分六卷披圖歷覽關文衍善寫九華倚枕卧遊宗少文胥供一榻而乃塵揚滄海星換華年昆明之劫火已灰岣嶁之神碑莫讀零篇斷簡無非化蠹之餘舊志世已無傳僅于故紙堆中得之賸水殘山遙起續

貂之想竊恐煑乾坤於鐺裏不免管窺羅卯竅於胷中仍同蠡測石鞭五色莫補空明之天文家九光難貯鄉環之地未辭塵俗有愧山靈然而倚樹聽泉披蘿捫石撫孤懷之抑鬱憑勝地以流連彼夫謁紫陽之精舍凝碧流丹朱文公祠則道學之傳未艾也授青華之秘文煉黃抽白青華秘書則性命之旨猶明也參紅葦碧之旁一竿晴雪橘綠橙黃之徑片石斜陽則翛然釣艇之巖也赤巖琴彈罷月拂來萬箇琅玕澗汲煎雲映出一庭煙靄則翛然棲鳳之竹也竹鳳至若訪二徐之宅則積垣碎瓦荆

棘縱横（宅二徐）尋古樵之居則踏月眉雲蓬蒿掩映（古樵隱者居）況又亭餘霅礎玄鶴不來（來鶴亭）蘆牖荒苔白雲何處（雲中生草盧）極目興亡之故悵懷今昔之殊或指勝蹟之變遷或經文人之陶寫或仙蹤芳躅棲隱蒿萊或佚事遺聞流傳桑梓自宜網羅散失殫洽見聞圖五嶽之真形補十洲之祕笈（翰）胸非雪亮腹是星枵緣字旁搜嬾一鵰之假借青箱世守媿三豕之謬訛未免嬾祭難工蝸居易誚第錦囊滿貯壁間之墨蹟淋漓綺席分鋪林外之車聲轣轆謝客扶筇而徙倚阮孚著屐以登臨遂令

深觸幽思未忘結習假維摩之半榻文字因緣時方養痾僧寮證勤彌之一龕雲山供養此續志之作所由來也今者沙蟲徧地風鶴驚天非爲梨棗之謀聊備芻蕘之採丐餘輝於藜杖嘗襄事志局採掇羣書如逢太乙神人尋舊約於蓬壺未遇元夷使者咸豐辛酉小春後學蠵林王維翰自序於雙硯齋

委羽山續志

例言

一前志世已無傳道光時委羽道人得之故紙堆中雖碎壞零落亦山靈之呵護使然也今因續成六卷並梓以傳庶前賢之苦心不致湮没云

一前志刊本間用古文奇字太平黃壺舟先生及同邑王子莊二鈔本俱仍之今此重刊亦一字不敢擅改以存其舊其訛誤者則附校於篇中

一是編體例畧倣前志有補有續如宫室仙道記文

題咏皆因前志而續之者也摭餘雜記雜文則補前志所未備者也至記文題咏尚有宋元諸作爲前志所未收者亦間補一二統名續志者以所續多於所補也

一前志有賦一首附入題咏今旣立雜文一目則賦自宜歸於雜文此則續前志而稍變其例者也

一是編所續尚多未備蓋吾台鮮藏書家惟臨海洪氏之倦舫宋氏之紅杏軒太平戚氏之南野草堂頗有插架外此殊覺寥寥故見聞有限採輯不詳

倘冀　博雅君子匡所不逮

一白玉上經云委羽洞周回一萬里名大有虛明之天此在兖州東嶽又淮南子燭龍在雁門北蔽於委羽之山不見日高誘註委羽山名在北極之陰謝靈運詩噭噭雲中雁舉翮自委羽李白詩昨發委羽朝度關皆非指在黃巖者故概置不錄

委羽山續志總目

黃巖王維翰嘯林輯

委羽山續志

同知銜署黃巖縣知縣吳縣孫　憙歡伯發刊

邑人王維翰小林輯

空明洞
第二洞天
井
寺
赤鯉岩
西江
東仙源

朱子祠
印山

山志之書以李冲昭南嶽小錄爲最古惜圖佚無存讀者憾之翰自辛酉輯委羽山續志成適寇氛逼境攜寘雁宕去冬吳縣孫權伯明府屬與舊志同鏤板行世而山圖則舊志已載矣然宮觀壇院之屬有昔存而今圮者有今剏而昔無者爰屬甬東邱君映滄補爲是圖以存其實亦足爲攷古之一助云同治九年上章敦牂小春幾望王維翰小林又識

委羽山續志卷一

黃巖王維翰嘯林輯

宮室

大有宮　舊在縣南應秀門外　國朝康熙十五年邑紳士延釋慈明改建爲天皇寺以委羽山觀爲大有宮并撥天皇寺田畝給道人爲香火資乾隆十八年邑令楊廷芳倡修二十年邑令劉世甯暉成嘉慶十九年道士楊來基重建正殿五楹道光十八年住持周本梅募建雷祖殿咸豐元年住持

蔣永昌募建東横廂二十餘間西山潘鳳洲倡捐

同治五年道士王教文及衆募建皇經閣三楹

來鶴亭　在委羽山洞上元末劉德玄建　國朝乾

隆二十二年邑人管紹興重建臨海秦錫淳記今

圮

大有亭　在大有宫前乾隆二十一年邑令劉世甯

建李汪度書額今圮

憑虚亭　曲肱齋雜輯云洞口有憑虚亭創建莫考

國朝詩人周省山鄭玉階江登桂均有詩後圮

同治四年王毅定吳永檜及本洞道士重建

禦崇院 柯映莩朱子駐節錄文公留台時小南門外數里有路亭一叟居此日織草屨絕不見異一日文公過命執之叟叩頭言無罪公曰汝妖也叟力辨左右俱疑不信公命但執勿復言叟度不可脫餌公金寶以萬計公不應最後乃言某處藏書若干願以獻歷舉書名皆所未見者意稍動叟已不見矣公憮然久之嗣後遂無叟迹後人建公祠於此呼爲禦崇院

朱文公祠　舊在縣西北久圮明嘉靖丙辰邑令汪汝達復毀南門外禦祟院改建爲朱文公祠　國朝康熙癸酉廩生郭肇昌趙湛以舊祠湫隘呈撫軍張公鵬翮檄建丙子劉令覓基諸生於祠前舊址建新祠五間訓導平遇捐俸督建有記趙總戎宏燦捐俸助建學使顏光敷匾曰理學正宗徐總戎九如匾曰功能繼禹戊寅遷像新祠張學使希良道經謁奠爲文以記之祠之垣墉則張學使與邑紳蔡元昇捐建也文公四世孫潽宦於台因家

太平烏沙浦今十九世孫時潡奉祀舊有田五十
二畝有奇地八畝有奇山五畝塘七分遴僧子濬
住持以爲香火資咸豐中訓導沈廷颺募紳士重
建祠九楹廂樓六楹前爲儀門俱五年乙卯建儀
門之南爲川堂又南三楹爲講堂東西二楹爲崇
德報功祠書舍六楹大門三楹其外爲外門俱七
年丁巳建總其事者詰職章照暨其子占熊捌捐
者候補同知徐灝董事紳士張錫雲張維張瑞雲
張渭黃蘋黃藻蔡福同等有田二百餘畝爲師生

脩膳膏火及以後修理之費則章照及張氏兄弟所捐也咸豐辛酉粤賊竄燬惟講堂大門牆垣僅存同治初郡伯劉公璈邑侯陳公寶善孫公熹籌欵重建祠五楹東西廂樓各三楹兩廊南向廂樓各三楹東竈房三楹大門外東向忠義祠五楹仍由董事黄蘋蔡福同張敷紀經理

文獻書院　在委羽山下元末劉仁本建　國朝乾隆二十三年邑令劉世甯重興邑紳士捐建爲義學門巽以牆廳五間耳房六間左爲祠三間祀徐

溫節二杜公講堂五間兩廂樓六間延師課諸於此今圮　風雅遺聞云方氏據三郡時則劉左司仁本之言於委山建文獻書院在[illegible]外頗收物望一時名人如薩都剌趙俶朱右皆往依焉故其子姪雖生長兵間類彬彬風雅朱竹垞有言桂張之兄弟慶元之父子皆古文好士志勝國羣雄者何得盡沒之哉

樊川書院　在朱文公祠後明邑令汪汝達建本名紫陽書院　國朝康熙間劉令寬改建爲樊川書院

文簃書院　在山之南嘉靖中邑人禮部尚書黃綰爲祖文簃公孔昭建今圮

荆陽講舍　吳欽堯字思夔號荆陽給諫執御父也

蘖考亭父子之學築室委羽山中聚徒講學見黄

石齋公所作傳今圮

劉樞密宅　台州外書載方氏據慶元時有劉仁本

郭仁本張本仁三人皆同鄉入幕佐謀議劉則家

羽山云今無考

薜蘿深處　乾隆十九年邑令楊廷芳建亭於大有

洞前榜曰薜蘿深處今圮

季主釣臺　在委羽山西舊傳司馬季主釣魚於此

今圯

委羽山臺　邑萬歷志城南有委羽山臺後圯

仙道

許碏　高陽人唐時累舉不第晚學道於王屋山周遊五嶽抵天台四明仙都委羽皆於懸崖峭壁人不及處題云許碏自峩嵋尋偃月子到此覩筆蹤者莫不歎其神異竟莫詳偃月子也嘗醉吟曰閬苑花前是醉鄉踏翻王母九霞觴羣仙拍手嫌輕薄謫向人間作酒狂後當春景插花滿頭把花作舞上酒樓醉歌昇雲而去見續仙傳

楊來基　字國甯黃林人　國朝乾隆時居委羽山

精修數十年能役使鬼神以符水治人疾無不隨

愈邑方山西麓多荒塚居民夜患鬼哭聲來基以

道術袪之後遂闃寂無聲云

陳復禩　號春谷太平巖下人來基徒也道成能知

未來事一日與其徒云明日幾客至負白米數斗

果然又云其家於某日當火權厝其母柩於他處

越日火起廬舍一空自是往來海内諸名山蹤跡

無定道光時有羽士自　盛京來雲棲委羽云彼

處有真人陳姓者係台之太平人尸解後妙感無

比居民肖像祀之著有歸眞要旨三卷藏大有宫

沈承良　字鳳芝號醉顛其先世自紹興遷居邑之黄道街初往四明入營伍後歸學道委羽山嘗從其師金敎善棲天台之桐柏宫居數年出遊南嶽遇異人自言已二百餘歲日行數百里每坐卧必三四日乃醒承良從受丹訣既歸行吟市上負一瓢一書與之酒持滿飲之非醉不止人故呼爲沈魔頭道光二十三年北門大火先數日承良醉呼着字者三八以爲妄至是咸嘖異之後於洪家場

水中僊立尸解云初永良與周茂如有夙契便醉其家尸解之後茂如見其自東北來口稱醉了魔魔了醉世間只道是顛凡夫肉體仍在脫去塵埃非顛已而不見邑監生池德化慕長生術永良叩門訪之甚相得嘗於醉後走筆書絕句云衣裳破碎千錢補不受塵埃半點魔醉卧白雲飄作枕醒來還唱釣魚歌

章本旭　號超陽子樂清南閤人事母最孝學道後潛心修煉尤精於醫旨至今已九十餘歲問之則

忘其某甲子矣太平黄進士濬遊羽山詩云山中
道士皆修養超陽童老尤蕭爽蓋指旭也

摭餘

范眞人鏞　國朝嘉慶二年由儒學明倫堂重遷大有宮案此鏞有三十六丁甯叩之皆具音大平黃進士濬嘗親驗之

青童君像　委羽洞口一龕祀童子像云卽漢青童君也

謝少孄銘　宋謝伋作委羽山觀記而系以銘前志僅登其記今據嘉定赤城志赤城集補錄之銘曰

昔有仙人兮卯金刀雞犬同升記阡陌九皋聲聞

至今存上天下天曾委羽仙人一去幾千載閱世
真同駒過隙長官好事經李侯大洞主人親推擇
穹窿堂廡復一新照映林巒非夙昔寓公耆德上
清都豈有他揚畢茲石碧落侍郎肯復來葉令飛
鳧幾塵隔太乙青藜尚可尋去共研朱點周易

徐季節詩　前志載徐中行與甯中郡守李謬疏薦

不就隱居委羽季節其季子學行如其父赴省試
秦檜當國以中興命題歎曰此豈歌頌時也遂不
試而出嘗有咏竹句云未出土時先有節便淩雲

去也無心人競傳之金提學著台學源流斷以八

行爻子爲首云

商復樵歌　前志作商復吉宋侍郎飛卿後知甯海

縣夢鄉之孫也隱居委羽山嘗作采樵歌曰上山

采樵木丁丁兮求我友聲鳥嚶嚶兮出薪入爨食

飲有常兮不忮不求何用不臧兮見風雅遺闇

張羽題詞　明張羽字孝翊隱居羽山之南遂號羽

南題望鶴樓云碧天如水晝沈沈每憶沖霄過春

林夢斷林皐秋月白目窮遼海暮雲深松花自落

瑤瓊靜芝草空留古洞陰吹罷玉笙門重倚如聞

霞上有遺音聞樓在邑治西明黄文玉建

廣成先生　唐杜光庭入道後往來委羽赤城志云

初從僖宗入蜀有文集百卷終上都太清宫内供

奉天台志又載蜀主王建以其切於度世賜號廣

成先生

空明山人　明黄約尚書綰從弟以家近委羽自號

空明山人石齋述聞載夏言有贈空明山人古詩

一章其隱居處鄭少谷顔爲少白堂見海岑堂集

三台文獻集

三方石　宋徐昇字子英中行五世孫以制行端方號稱方石元葉嗣孫字本初嘗賦方石詩志見前灊公張翁見之呼爲葉方石明謝文肅公鐸亦號方石云

天台樵夫　宋淳熙間天台樵夫入山見小木堅直芬芳異常識者曰此白木苗也殆必神物復尋故處不得失脚墜一穴中行二日許乃從黄巖委羽洞而出見夷堅志麗　丌英談藪

委羽趙必英　福建鼓山題名台八王居安趙師夏陳仁玉外尚有錢嵚之字君猷端禮弟天台謝奕正天台應垕字茂博並以淳祐閒至又李羽趙必英叔弼係漢王元佐九世孫與天水趙希性以淳祐丁未季春至皆嘗宦於閩者

空明山趙潛夫　澉水思賢碑寶慶二年秋黃巖空明山趙君潛夫來鎮澉浦文係建安葛紹體撰

雜記

委羽山大有空明天眞人司馬君傳一卷　不著撰人姓字見宋莆田鄭樵通志藝文畧明焦竑國史經籍志無大有空明天五字案浙江通志作明天眞人司馬君傳一卷委羽山人有空撰誤

委羽古樵隱者傳　明臨海朱右撰見風雅遺聞

歸眞要旨三卷　國朝嘉慶閒太平陳復樸撰今書藏大有宮爲道士胡明心寫本

青華祕書五卷　青華眞人撰後傳鶴臞子太平進

士黃濬訂正而梓行之今板藏委羽大有宮黃濬序云
余往適霞城經紫陽之故居登其樵未嘗不低徊
久之及道百步過紫陽仙化處紺宮蒼樹飛磴深
溪靈氣髣髴存焉讀其所爲悟真篇金丹四百字
則又茫然以思尋其緒不可得後睹一卷傳王邦
叔者讀之乃知紫陽之積慮累素其致功有由也
顧其書自署青華秘文意者紫陽之學得之青華
而青華履籍不可考而著述亦寂無聞則亦邈邈
置之宿生多幸遊跡所經於子陵臺下得閱所傳
鶴臞子覺書五卷其思湛然以清曠然以虛窅然
深以密其爲文理至而法隨義顯而意潛靈矯萬
變而不可以方物而其爲道則又一空蕩言獨標
真諦與太虛同其體與造物同其用其於金丹之
事愈元遠而愈得其指歸然後知紫陽之書固皆
師其說而爲言而是書又以訂紫陽之說而恢之
彌廣者也歲在辛巳嘽三月之功合二書而訂正
之命曰青紫秘書珍諸笥以資紬繹先青華所

後紫陽者論其世也今年秋又質貲而壽之堅木以貽同志蓋深慮是書無傳而青紫之苦心於是乎晦也行將攜是編於雲水之外訪青紫而問之當必有相視而笑者而余之素心亦從可見矣道光甲申嘉平月

叱石道人識

樊川記一卷　國朝郭肇昌編凡二十四首學使張鵬翮序內張希良平遇蔡元昇三首已載邑志

委羽集　宋左緯撰緯字經臣號委羽居士著有委羽集傳世黄裳委羽居士集序云赤城之南有左甫之遺風甚嚴而有法自言每以意理趣觀古今詩莫能出此三字然孝子之詩每以意明物不以物繫其意覽者宛轉而思之卒歸乎所賦使人意慮而志遠此亦得詩之要者也然而援甫之詩離

三字以指其體未能遂屆吾論故爲之說曰意者理之所寓趣者志之所向大抵詩人之作感物以明志遣才而遣意四者相須而後備特其所好者異其所造者有深淺遠近爾由是而之焉乃各有趣其爲趣也或之乎雅正平淡優遊高遠或之乎清新俊逸豪華險怪各不同也然而偏理與意物爲之感才爲之用不役於才不累於物以人意抱天理其爲詩日來自爽曠感忽之間可以動天地感鬼神與三代風雅頌並列而同奏此其至也才出人性之良能使之有約以文至理其爲詩也孰禦不然恃才以造意趣中正傲平淡以作險怪瑰奇之語咀嚼少味終不足以經世惟杜甫兼數體似乎有道者然而精爽神妙氣鍊三者修眞之士資以爲道而乃冥搜旁想靜與萬物相逐於無窮與物同盡借使得名於世不過一詩人爾可勝惜哉吾聞天上有白玉京之境黃老之有道者常游乎其間仙籍焉子歸而求之上能奔逸絕塵立乎萬物之表下而有感所謂古今詩人百家之體予

當肆筆而兼得之患弗爲爾
區區三字不足以爲子道

委羽續集　宋左瀛撰瀛字桂庭緯元孫以詩名有

委羽續集自序附錄　委羽續集者委羽元孫瀛以詩繼其祖又自爲之序曰孔子刪取三百篇其大要存美刺關教化皆質直之辭也漢魏而下則日趨於綺靡然見於梁昭明所選者猶古體也逮李唐之盛沈佺期宋之問之流又創爲律詩既工於對偶且拘於用韻體製之變必入於雕巧其勢然也以杜工部之雄傑亦不能免如綠搖風折筍紅綻雨肥梅之類已近乎雕巧特其體兼衆妙不得不爾至晚唐未嘗不俟議者以爲氣韻孱弱其極則有魚躍練江拋玉尺鶯穿絲柳織金梭自常情論之固爲藻麗然刻琢之功不遺餘力斧鑿之痕孰云可掩而騷雅之士有不屑矣維時淳熙間東萊呂太史奉詔編纂皇朝文鑑至七言律詩有取曹翰一篇以戰功平反側歸

環衛一日內宴侍臣皆賦詩翰以武臣獨不預乃陳曰臣少亦學詩乞應制太宗以武臣命刀字龍節奏云三十年前學六韜英名曾得預時髦曾因國難披金甲不爲家貧賣寶刀臂健尙嫌弓力輭眼明猶識陣雲高庭前昨夜秋風起羞對團花舊戰袍太宗爲遷數官且本朝作者何可勝數翰非有閒望之人雖一時稱旨豈能出羣公之右而太史特取者謂其造語渾全不事雕巧有補於詩道也或者謂詩家之後置其祖而述曹氏豈外家雖而愛野雉耶答曰大抵流俗之見貴耳賤目惟太史不以人而廢言所以爲高也瀛之家世以儒雅有聲舊矣今後裔泊沒闇然無聞故稍出其未技托於委羽續集以示支種之不絕實不敢以藻飾之詞而隨所感遇亦竊存勸戒雖未能三百篇之精方之積案盈箱惟風雲月露則有間矣

羽庭集六卷　元劉仁本撰　四庫全書總目稱其

文凊雋絶俗意境超然今刻本已不可得

羽庭詩稾　元劉仁本著朱右序見列朝詩集

大有山房集　明張應魁撰魁號星衡以明經授姚江訓導兩署甯化知縣今其集不傳見台考並三台詩錄台郡識小錄

委羽山文聚　國朝趙岸撰岸字巽商邑庠生刑部員外郎本孫郡先達陳函輝先生稱爲畏友見邑乾隆志

空明子摘稾　明應士芳撰芳字伯芸家近空明洞

天遂號空明子仁和李汪度作小傳云空明子少喪父母兄弟三人亦早亡遭際多艱嘗抱煙霞癖嗜學耽吟安貧樂道既娶有子遂披羽衣歌流霞遍歷名山軒軒然有遠舉之意有空明子摘稾詩三百首傳於世

委羽山閘　舊名石湫閘宋羅提刑適建淳熙九年提舉朱熹奏請官錢增脩勾龍泰昌續成之明景泰天順間两次遣官脩築嘉靖巳亥郡守周志偉督同邑令方介重脩見周志偉開河疏台詩續錄　國朝乾隆丙子邑令劉世甯重造移傍山之東麓故名河閘志云羽山爲潮流激蕩之所沙泥混濁倘不時開放則自小南門至路橋一帶河身易爲壅塞除潦雨驟溢須

啟閘放水由外江逶迤出海與亢旱將涸須板閘
引潮入內河澄汰灌田外概從堵截但恐西鄉竹
木到此經過憚於搬運過閘少費工力兼恐閘夫
漁利偷放閘板今於閘外豎石柱五根竹木至此
有礙閘亦無
益其弊自阻

東源寺記　舊志載重遷東源寺記翰林學士黃文
獻公溍撰案臨海陳基夷白齋集亦載其文出入
百餘字題爲本源禪院記曝書集陳基字敬初臨
海人從學黃溍此必陳作而黃所删削者夷白齋
集所載葢元本也今坿載藝文

五絕句存疑　舊志載潘端明謝靈運朱文公載復

古杜範遊羽山詩各一首案潘端明不見史傳雜記其人之有無未可知其詩亦不類唐以前作張溥百三家集謝靈運亦無此詩又朱子全集載石屏集杜清獻集均不載游羽山詩則此五絶句殆皆依託之作博雅君子當有能辨之者

朱子二徐詩　乾隆黄巖志云相傳朱子拜二徐墓詩云道學傳千古東甌説二徐門清一壺水家富五車書但喜青氊在何憂白屋居我來君已逝揮淚表坵墟案徐氏家譜二徐先生以下三世皆歸

𡋯於臨海之白源其第四世以下則𡋯於黃巖而
舊志與臨海志皆有二徐墓府志則存臨海而去
黃巖至今黃之徐氏皆爭祀其墓案朱子詩語意
似弔二徐宅非拜墓也或朱子至台拜墓既大書
宋高士二徐先生之墓矣至黃過二徐宅之在委
羽者而復以詩弔之乎未可知也如必謂墓在黃
朱子題墓拜墓皆在黃則吾不敢遽信邑志所載
如此案朱子說詩盡去小序支離附會之說直據
詩之本文反覆誦繹而其旨自見今玩朱子詩意確

爲過二徐宅詩非拜墓詩也結句所言乃回溯之詞耳邑志之說信矣

戴石屏歸委羽　吴孟舉宋詩鈔序石屏詩云石屏南游甌閩北窺吴越逾梅嶺窮桂林上會稽絕重江浮彭蠡汎洞庭望匡廬五老九疑諸峯然後放於淮泗歸老於委羽之下案此特渾舉之詞非紀實也

委羽天長街　台州外書載元鄭文寶字永思有文名授浙江行省郎中陞參政其先世自澤國徙委

羽山之天長街高則誠孝義井記云永思爲予言

九世祖由澤庫分居邑南之天長街與委羽洞相

邇今無考

趙知縣珂墓　在委羽山天順丁丑狀元華容黎尚

書淳志其墓門人劉大司馬大夏題詩碑陰云時

雨華容道淸風博野亭懷師不可見墓草自青青

李御史匡墓　在委羽山西

黃文毅公墓　在委羽山宏治初敕葬大學士茶陵

李文正公東陽爲神道碑銘見赤城後集

黄尚書綰墓　在委羽山文毅公墓下

柯同知時遇墓　在委羽山南

管節推藍墓　在委羽山上來鶴亭側

無住禪師定上墖　在委羽山西麓

委羽山續志卷之二

黄巖王維翰嘯林輯

記文

李　林字松游號蘭阿山陰人

重修大有宫記

癸酉之冬，黄巖明府楊博山先生聘予襄政事，予以天台雁宕諸勝界黄前後，閒可乘便一領其畧，欣焉命駕。至月餘，偶披邑乘，知南郊五里有山曰翠龜，相傳爲軒轅皇帝藏經所，周季嵩高羽客劉奉林慕斯山幽邃，有洞可爲丹竈地遂棲止焉越四百載始得大丹控鶴上昇墜片羽於山椒因易名委羽道書所載十大洞天此其第二也自周迄今潛修服氣之士於此山冲舉者代不乏人詳在本山志中予乃偕湘潭熊子玩游竟日見夫山高不滿百尺鬱鬱蔥蔥秀益特出四壁羣巒屏列如拱奇花異草葱蒨芬芳置身其間幾疑別有天地山前舊建大有宮及廊廡別舍碑碣井井緣歷歲既久兵燹疊罹僅存積宇數椽因念此山固人間福地如丹井可占陰晴方石可療疾病未可湮沒今則古洞泥封仙

祟雨敗碑沈井塞埶廢墻傾自時厥後其不爲蔓草荒煙之鄉者幾何烏呼山無仙跡不能有今日之名名若無傳安得有後來之紀四顧茫茫太息久之歸與明府言明府興復不淺於是鳩工庀材不數月而少復舊規亦一時暢事也夫此山托處海濱猶人之淪落風塵遇與不遇莫不有時數焉今山因子而顯子焉知不藉山以傳古今物理大畧相同後之起廢亦如今之更新庶乎其永有聞矣

盧延幹字運治號栩林

空明洞記

洞之以空明名者黄巖有二一曰小有空明洞天志所謂靈巖者是一曰大有空明洞天即委羽山之麓也洞深不踰丈廣不容椽亦未能出雲爲風雨有奇異之觀空明之號何居焉或云中與海通昔有人折塱游之聞櫓聲而返又云中爲青衣女子所居每夜出山前叩門居民以烟相投後乃不見之二説者荒遠難信安知非好事者震其名而加之皆於空明之義無取也山以劉奉林昇仙得名則洞之名亦自此時定之葢空明者道

家之本也予以是存之於心未暇深考歲初夏從小溪扶橈而上遠見谽谺一穴澒然於蒼崖紫石間即趣近之兩傍野卉依人好鳥相喚漸近數武拂石床俯拾方石瑤草無言流泉香細天光一綫忽斜映而動搖門口薜蘿皆成金碧之色俄有風颯然而至則萬壑松濤瀉入其中於斯時也世慮都捐不知天地之大而予僅作洞中人也及其嶺雲乍合明月滿山琪花倒影空翠霏霙道人鐘磬之聲遙徹若愈加振響者不覺恍然有悟曰控鶴之人其知道乎夫物空則[illegible][illegible]則無所不通入

必自窒其心而後於事無所見聞見聞在外所以見聞著在內也內之不空不明而欲其外之通猶此洞之淤塞古氣已亡徒從事於黃白之法夫安能飄飄而輕舉乎獨是奉林去今千有餘年而此洞之名與所以傳者予始得會於心則此洞之外其不可以存而不論者亦復何限彼紀載之言有無不可知也以是返而求之杜異說也作空明洞記

陳　基字敬初臨海人元經筵檢討見明史文苑傳著有夷白齋稾三十五卷外稾二卷

本源禪院記

距黄巖州治之南五里有山曰龜山延祐開大比邱無住禪師定上居之州人李必竹氏黄元仁氏許野夫氏孟寂菴氏皆慕師之風往來金蘭爲方外游至順二年辛未沙門契如知師雅有延待十方雲水之意爰卽舊圖新得地南隴之半而遷焉州之信女金周徐黄四氏施錢刻木肖普門大士像莊嚴崇奉蔚成寶坊今所謂本源禪院世以甲乙守之者也師慮衆繁而食不繼則事隳羣居而規不嚴則業墮於是置田若干畝擇其徒亷敏通練者主其出入又歲推一人爲衆所服者居首

座凡禪誦動作威儀之律規一遵方丈貽法而九旬僧

夏修持惟謹益師俗隸州之西橋高曾祖皆以貴冑起

家考亭朱子且姻也而師資稟靈淑幼篤慈惠少長事

祖及父兄孝且恭既終養輒蟬蛻萬緣謁方山寶公於

杭之南屏願改初服而師事焉公器而度之時年二十

有八具戒首謁無涯際公於婺之智者院一言圓解頓

造乎閫繼見鐵山瓊公而歸老是山足不窺戶者垂三

十載以至正元年辛巳八月二十四日委化闍維之日

球圓玉潤名曰舍利者無算遂建塔山之西麓春秋七

十有三夏臘四十五後八年已丑師之上首弟子一恆不遠千里介其徒文煥以院之始末師之出處大概徵文爲記勒之貞珉以昭示方來按龜山即委羽山俗所謂俱依山也道家流號爲天下第二洞天云有眞人嘗輕舉於此者今師以世家舊族即有入空懷寶厭躬退藏於密始也將以滅跡韜光終也遂以順緣闡化於是崇基易搆宅勝面陽慧燈照大有之天梵宇廓空明之境凡挈缾錫負笈篋由天合雁宕而來至是如歸人謂俱依之兆職此可徵嗟夫豈偶然而已哉爲其後者服

師之服居師之居尙知培本濬源蹈規廸矩使無上福田利益羣品則甲乙之傳其未艾乎爰因恆之請而爲之記若夫工之巨細費之多寡抑末也可以畧云是歲七月既望書

朱右字伯賢號鄒陽生臨海人授翰林院編修改晉府長史

新刱文獻書院記

道之顯然之謂文賢有足徵之謂獻夫道在天下由人而行傳曰文武之道未墜於地在人賢者識其大者不賢者識其小者莫不有文武之道焉然則文獻書院之

作實有關於世教矣台之黃巖素稱文獻之邦自宋文公朱子爲浙東常平使按行其地表溫節徐先生墓而士風以勵修晋常豐石湫十有二閘而利澤在民又以道學淑諸台士若趙師淵郭磊卿杜曄與弟知仁皆從公遊杜以學授從孫範嘉定改元同辟與進士範自金壇尉歷官州縣多有惠政兩入臺諫直道讜言淳祐四年理宗遣使即其家拜右丞相益著風節僅八十日竟薨於位特贈少傅謚清獻詔建弼直坊於宅里以表之惟二先生師友淵源闡聖賢道統之學文章政事暴白

當時利澤風義儀型百世既没之百二十年今浙江行中書省左司郎中劉君仁本言於省請建文獻書院祀文公朱子以清獻杜公配别爲祠祭二徐先生郭正肅公磊卿趙訥齋公師淵道南湖先生曄方山先生知仁授基於邑南五里之山曰委羽洞天構字若干楹門廡堂舍像設服器靡不具備仍割田二頃奇以供春秋朔望師生廩給行省達於朝令下將以明年二月仲丁率州里諸生行禮其間麗牲之石既具俾撰以辭右惟堯舜禹湯文武之道自東周而幾息集前聖之大成以敎

萬世者孔子也孔子之學至濂洛而載明集羣哲之大成以淑後人者朱子也其道著於君臣父子兄弟夫婦朋友之常而講於家塾黨庠術序之間無非所以化民而成俗也苟知講學以明道則唐虞三代治敎將不在今日乎先哲往矣後之人日益景仰謂不尊祠而尸祝之則無以致如在之誠而興起於百世之下此書院所由作也在禮入學必釋菜於先聖先師然二公道學行業爲天下法傳之後世又豈一鄉一國所歆慕而崇祀者乎惟斯道未墜文獻足徵後生俊髦朝夕游泳誦詩

讀書是則是倣有以裕身而善俗則劉君之舉於世教豈小補哉斯立學之本意也若區區以二公謚號爲名則陋矣右黍居里閈習聞二先生遺教敢不述其梗概以俟君子劉君字德元邑人也今以溫州路總管陞行樞密院副使云

危素字太樸臨川人官太史

文獻書院記

新安朱文公爲浙東常平使者台之士杜曄與弟知仁獲從公遊曄知仁以所聞於公者授從孫範字成之宋

嘉定元年同烨舉進士自爲軍器少監奏對詳明歷官
郡縣多有惠政淳祐四年理宗遣國子監主簿與郡守
包恢即家拜右丞相其制詞曰學貫聖賢之奥識明義
利之分曾未八旬而卒没世之後特贈少傅謚以清獻
建鄉直坊旌異之没之百十有八年江浙行省左司郎
中劉仁本言於行省請建文獻書院於丞相所居黄巖
州之杜岙以祀朱子而丞相配享别爲祠堂合祭徐温
節先生郭正肅公洎兩杜先生割私田二頃以供其費
行省遠於朝禮部議從其請劉君以書來屬臨川危素

爲之記方朱公弭節黄巖相其鹵地高下開河通江爲
牐源泉常豐若湫等十有二處時其啟閉灌田數萬頃
其民至今利之此其遺愛實應祀典况以聖賢之學作
則垂憲兩杜先生用其親見親聞者授於丞相高明光
大厥有本源故能直道正言風節彌著論者以爲澤潤
民生學承道統祭法所謂以勞定國法施於民丞相實
兼有之俎豆而尸祝之孰曰非宜初州之父老阮舜咨
趙必皓等請建書院以祠丞相進士周君仔肩首倡其
謀州上於郡府不報劉君至是乃能企儒學之正傳慕

前修之清節建學立師以爲州里之望何其盛哉至正初言由黄巖拜丞相畫像於杜曲讀其遺文著其言行載之宋史今乃與開書院之事於政府執筆以爲記又惡可辭

劉世甯字幹齋新淦人乙丑進士乾隆間令歷工部主事

文獻書院記

彰往者所以訓來古之志也論世者所以尚友亦今之法也文獻書院之所以作也昔孫興公賦天台修陳飛錫控鶴之蹤蓋其時風氣朴畧文獻未開黄岡台之屬

邑自南宋朱子以常平使者駐節邑中學者耳濡目染相與考道問業如趙氏則司農太常丞師淵朝奉大夫師夏朝議大夫師雍知鉛山縣師蔵知婺州師端林氏則倹官介鼒草廬先生鼐杜氏則東陽簿曄方山先生知仁暨貫道池氏則丹陽尹從周蔡氏則武博鎬應氏則艮山先生恕樊川之講習猶洙泗之授受也而杜氏再傳有清獻公爲邑之芝醴朝之鸑鷟元樞密副使劉仁本創文獻書院於委羽山側以淸獻配享朱子別爲祠祭其鄉先生十數人臨海朱氏記之詳矣然數百年

址鞠茂草過其山風泉逸響徒寄聞寥不能不以之興懷而力有未暇適邑之龍潭墨有控爭女走廟其說皆誕謬不經幻於高唐神女余既分别禁逐將以其所斂之資爲修葺費亟陳狀於我郡太守蘇公公素以作人爲已任報曰可爰屬庠生盧子廷幹經營以復其舊盧子勇於爲義不啻治其家私而工匠飲食若流至盂以私囊數百餘鏹無所吝再歲而就其上爲講學之堂東西各五楹建樓其上門對方山數疊碧痕黛影窗靄百變傍爲空明洞天洞口花卉初植瀰漫煙暇皆新先是

余於樊川書院既勸與多士於城而又使鄉遂之子衿誦茲山益以黨庠術序隨地有學古人立教周詳比戶可封之俗所以成也今考文徵獻以風勵後進雖其德業名位不必皆同而皆卓然爲桑梓之望遊其書院者非其後裔即其後裔之姻黨可不知所效法乎吾鄉廬山書院即鹿洞遺蹤而茲山風氣蒸鬱亦爲人文奧區來鶴亭前景行仰止流風宛在稽綱目之義例嗣趙杜之楷模吾願今之學者庶幾遠慕古人以興起於百世之下勿盡委其奇於元修之侶也

汪汝達字志行無錫人嘉靖間以進士知縣事有政聲

重遷朱文公祠記

縣城之南有地一區有屋數間相傳爲禦祟院汝達新之以祠文公朱子愚民懼禍者聚而言曰此院敺祟將復不靖矣嗟乎是未知汝達此舉非直禦祟抑所以仁祟也然邪正每不相容而未始不相形以化彼祟爲民禍是誠可禦者然其心豈樂於是名之示垂哉思反正而終禦之必有甚不自安者矣諒其甚不自安之情而委曲以洗其禍名以慰其反正之思未必不望於汝達

之此舉也文公正學之明如日中天詭談以欺世者尚不敢少肆其喙況蠢爾一隅之祟耶彼祟也目眩心驚魂飛神爽恍然覺往者之非吾意其相率而化亦將幸反正之有期而隱然洗禍名於端人之化未有不相率而感矣又何不靖之慮哉其化其感涉於荒昧者不足信且不可知度其理應如是也輒考文公提舉浙東惠愛及於台人者尤著台人所以祠祀之者尤不宜苟簡而已也茲院幽雅軒豁改祠於茲僉曰義矣若前所論止以解愚民之惑爾特屈文公以禦祟又非祠祀之初

意也再考合志舊祠在委羽山茲院去山一里許故祠於茲亦不失爲故址云

劉　寬字棠野號恕菴河南虞城人邑令

重修朱文公祠記

千載而上集羣聖之大成先師孔子是已千載而下集諸儒之大成文公朱氏是已一生於東遷之周一生於南渡之宋事庸主蒙權相不獲一日立於朝宁空負堯舜其君湯武其民之望然身同屈於一時道彌光於千載孔子之學在論語集註成而義精仁熟無遺也孔子

之志在春秋綱目作而亂臣賊子加懼也朱子之爲朱子謂之配享之功臣可謂之主器之曾孫亦無不可從祀文廟分祀名邦不亦宜乎士當聖賢作述之盛獨恨産不同時居不同方流連於前言往行徒致興感之私焉耳某梁園人去闕里之鐘鼓車器若此其未遠也年前從先君子遊宦東兖忝作衍聖館甥由房而聆琴瑟入室而讐箴銘沐浴先聖之懿澤長矣何幸如之至於文公朱氏生長里居與夫過化存神之地概未之覯豈非平生之鈌事乎康熙甲戌以商水洽𤉗升任於黄

屬文公使節又嘗著書於樊川雖處兵燹蹂躪之後其民力耕務農其士家絃戶誦無聲色技藝以分其好文公之遺澤猶有存焉者乎稽諸往蹟心切向往文公書院舊在城南五里委羽之麓此即分祀名邦之一也頃以丁祭來拜祠下殘楹斷几四顧不可收拾諸生郭肇昌等有重新之議一時紳士仗義幸助人人各有一著書講學水利常平之文公在其意中而不可泯某第捐俸落成上不勞而輸魚以舉下不擾而棠芾依然賡酬向往之夙志於萬一云

周國龍號恂菴蕭山人邑敎諭

重建朱夫子祠記

聖賢之間生也非惟里閈桑梓榮之即去來遊歷之區班荆晉接之暫悉可紀爲盛事稱作美談矧授餐適館流風振百世而彌章食德蒙休禋祀亘千秋而弗替者乎予蓋深慶黄之得有文公朱夫子祠也夫子在宋室爲常平使者涖黄其行部也以正心誠意之規措之爲引養引恬之政勒於志乘播於傳聞者昭昭在耳目間姑不贅論若治水而築蛟龍閘則有洪門咏菊之詩註

書而居汞甯菴則有寒竹松風之額其於黃也固民依是切下帷久處迴異夫輶軒僅留信宿廉察惟坐堂皇也溯利興於耕鑿而民産滋道明於傳註而人心牖黃亦幸得親覯其盛是以前人創之後人因之禋祀之祠不將同兩儀而終始乎顧黃罹兵燹之餘百凡廢墜邑令劉侯於甲戌歲受任之初恭謁夫子前見其棟宇傾積有不能終日之勢心憬然而未敢遽發也撫循二載年稍豐人稍定鄉邑之比屋村廬頗行修葺侯遂決意剖俸以興斯舉於是購竹木備瓦石鳩工而營之名修

而實建焉不朞月而竣事得更新以報成功矣審祠之基址居大有空明之前左方山而右羽洞攬名勝而拱護之地之靈勝一望可知黄之得有斯祠也在前人創之實爲崇德報功之典在我侯因之足啟羹墻睠戀之思則此祠之所繫不因侯之修而益鉅哉侯諱寬字恕菴豫之虞城人也來宰是邑興革之美不勝書即其開渠築閘以通水利建學課藝以振士風悉於夫子之遊黄有黙契焉者視向之作者不翅倍蓰而且什伯之矣豈特建夫子之專祠崇夫子之遺像也哉 龍司鐸黄岸

忝居同列於春秋陪祀覩祠宇之鼎新益歎我侯之足以光前賢而啓後學也爰拜手而爲之記

平　遇號樵風山陰人歲貢生授本邑訓導

重修朱子祠記

生天地之中者立德立功立言而已繼聖賢之後者祭德報功述言而已德垂一世功被一代言救一時猶將歌之頌之尸之祝之而況德紹聖人之德功翼聖人之功言揭聖人之言如晦庵朱夫子者乎夫子生宋鼎南遷之後集諸儒之大成發聖人之精藴登第五十年仕

外僅九考立朝才四十六日註解經書有折衷前賢者有獨出已斷者有付託及門者要使聖賢與旨如日月經天江河行地而後內聖外王之道始有所宗而後百家異同之說乃有所屏而不錄嗚呼夫子之立德立功立言尼山子輿之後一人而已夫子於淳熙元年提舉台州崇道觀丹崖翠屏爲囊時校書地而禦䆳書院則夫過化存神之所邑人立有專祠衣冠像貌宛肖當年凢筵之間如親承夫子之陟降焉然而規模頗小歲月又久垣積壘破棟朽楹摧不勝俎豆歆獻之感奕禩生

郭肇昌等請於張大中丞暨宗中憲報曰新寺夫子祠者崇報之盛心也其亟成之倘有不足捐俸繼之謀始於甲戌臘月至次年五月工尚未半中尊劉恕庵以勸農憩祠下因體兩大人之心而成郭子之志曰此祠之不完予之責也但捐俸落成予能爲之而庀料當屬之贊府韓君鳩工當屬之廣文平君子三人其爲之庶可以輝祠宇而光俎豆矣予方懼規模之宏敞土木之繁重有始不克有終而得恕庵父母之一言如重擔之釋負道行之歸家也即與韓公圖之閱朞月而工已告竣

矣因思釋氏之苗裔能煇煌其禪院老氏之箕裘曾金碧其壇宇而吾儒之子弟於先師先賢之寢廟每傾圮而不顧今得丹崖多士創始之恕庵父母落成之巍焉煥焉朱焉堊焉崇報朱夫子之思不於是而一慰乎過雖不敏幸從諸君子後以勸厥成功云

何紘度字跡潘號石湖臨海人以進士知山西平陽府臨晉縣事

朱夫子祠碑記

周禮入學釋奠先師漢來地方有遺澤者亦祠之不親領視史古人立德立功立言隨所在皆可以自効苟有

一之善是焉即足以垂示不朽固其所也朱夫子八品學業赫奕天壤德皆盛德功皆豐功言皆格言於三不朽之數既兼而備之其廟祀百世也尤宜獨其生平所脗合於先聖宗旨者仕宦致主則難進易退而講道論學未嘗斯須暫離因之薰陶漸染最深者則其思慕維繫亦最切當夫子登第後謁授巍班如拾芥乃恬澹自居不圖進取孝宗乾道九年辭樞密院編修主管台州崇道觀淳熙八年以楊萬里薦提舉浙東常平茶鹽公事救荒蠲賦修水利數郡並蒙其福及台民訟守唐仲友

廉賞條狀疏經六上忤權相王淮意弗恤遂辭新命江
右提刑再乞奉祠台觀五十年間立朝僅四十餘日仕
外地凡九考留台者獨文庇台者艮至在郡居壽台坊
仙人紫陽樓是就黄巖郊南五里羽山東方山西築樊
川書院藏其書著書其中倡明絕學興起斯文討夫子所
至必讀書必搆書室即因以爲別號如里居婺源放紫
陽山號紫陽流寓崇安於武夷山號晦庵移寓建陽於
考亭號考亭諸若雲谷若滄洲多嘖嘖人齒頰顧未知
黄之樊川久羈芳躅嘗從講肆孟夫子有云去聖人之

世若此其未遠也近聖人之居若此其甚也苟非夫子之不棄吾台台之人幸歟咸於彼蒼俾獲沾濡盛化何以及此至今生其地者猶習尚詩書護惜廉恥不可謂非有以留遺之也今上右文輯治隆重理學制科取士尊集註與四子書埒學者家絃而戶誦其尸祝夫子者不必在春秋俎豆之間令甲闕閩濂洛既從祀先聖先賢倒郡縣復修葺專祠以致瞻依閩考亭徽紫陽近俱荷御題學達性天扁額黃邑舊郎樊川址爲祠塑神像七星頰列甚詳且精靈承禋祀匪朝伊夕茲紳士人

等嫌尙痹陋擱然立志恢廓知名士郭肇昌秉康熙三
十二年癸酉秋闈便抗言撫軍張檄行鼎造邑侯劉會
請元戎趙捐俸合邑紳士蔡元昇等衆聳士木鳩集建
正殿兩楹三間廊簷二十四步花機升斗始自本年初
冬逮三十五年季春竣事呈請督學顏書理學正宗字
榜列窗櫺閎做丹碧煇煌景色炳炳麟麟與羽山方山
差映夫子刮瞶擊聵併人遵正訓讀其書無不思想見
其爲人況以仕而施行學而肄習皆適於台郡乎假之
緣此地當音容宛在之所則夫愴聞僾見都人士實有

所不自已於懷者第僅僅如地方之凡有遺澤者比也若夫微顯闡幽合如考亭紫陽一例光照寰區用垂不朽更不能無於當事之君子是望

姜　橚號崐麓太原人官鴻臚寺少卿辛巳督學浙江

樊川書院記

樊川書院在台州黃巖縣南五里故有祠祠朱子而書院重設則康熙三十三年縣令劉君司敎周君司訓平君率其縣人士郭磐昌等之所建也嗚呼朱子之功大矣自孔子孟子没而道術分裂兩漢及唐雖一二大人

先生間出，然而於孔孟之道究未之有聞焉。迨宋興而諸儒接踵而起，惟朱子之學純粹以精，而直上接乎孔孟之傳，距今踰五六百年而天下莫不奉之爲宗師。凡荒陬僻壤山陬海澨，非朱子之道舉莫之遵也，可謂盛矣。而黃巖之人士獨私之於樊川者何也？蓋朱子提舉浙東常平，而駐節於黃巖，巖獨久，樊川其著書授徒之地。當是時，台海之間受業朱門號稱高第弟子凡十有四人，而黃巖一縣遂居十一，至於綱目一書則屬筆於趙幾道，幾道十一人中之一也。一時兄弟師友互相淬勵其流風餘韻沿至於元明而不替然則黄巖之人士獨私朱子於樊川不亦宜乎嗚呼自古以來地不必名勝而一邱一壑曾經大人君子之登臨則後世遂傳爲遺跡誇爲勝事而爲之俯仰憑弔乎其人至所游之地所習處之鄉則益咏歌嗟歎流連旁皇以私爲一方之光榮況以朱子上接孔孟之傳人人之心皆有一朱子也人皆有一朱子之心以私淑乎朱子之道登朱子之堂讀朱子之書吾見黄巖之人士其嚮往親切磨淬奮勵有百倍於他邦者矣書院落成於康熙三十五年三月

望日又閲數年余來爲督學朱子之十九世孫時涞來
請識其麗牲之石因系之以銘銘曰書院之興於昔有
取厥始於唐宋元繼武俎豆絃歌揖讓傴僂講堂宏開
蕢蘭發嚮天之牖民六經忽睹朱子篤生爲斯文主聖
學荒蕪仔肩撑拄考亭紫陽在在鄒魯武夷雲谷流風
未窳奧若樊川山區水聚大賢所臨教澤甚溥傳道解
惑邦人鼓舞薰陶漬漸沐其時雨歷世數十淪於宿莽
邦人嗟歎請於大府爰新其堂爰峻其宇既故舊觀亦
資攻苦見羹見墻趨繩步矩俗學繁興舉業訓詁名避

功令實滋慢侮以情以嬉辜即子遵勛爾多士知所宗

祖一登斯堂矯矯自晉去其謬迷化其臭腐遺經一編

高風千古悠悠樊川毋忝兹土

張希良

樊川書院記

皇上天縱聰明崇儒重道於濂洛關閩之書表彰不遺

餘力清晏之暇常流覽紫陽子文章謂爲宋文之最特

賜學達性天御書題扁額之紫陽書院於是天下翕然

知正學之所在文治蒸蒸盛矣丁丑秋予校臨台郡諸

生有連名而以樊川書院請者揞郡志院在黄巖之南一里中有紫陽祠祠創於明令汪汝達院則今茂宰劉君學博周平二君暨紳士所倡建也紫陽嘗提舉浙東常平數過樊川於瑞巖委羽淇亭長家多所題咏其時邑先賢林趙丁杜諸公從之講學而綱目一書單以屬之訥齋趙公貽書往復積有八紙故志稱翰香流布有鄒魯之遺風又稱紫陽嘗表溫節墓士風以勵邑嘗豐石湫十有三閘利澤至今賴之傳云食其本者勿傷其枝愛其人者及其餘紫陽實有造於茲土甘棠之蔭承

言固宜而况綱目繼獲麟而作爲功於千秋萬歲甚鉅

紫陽精力盡在此邦都人士相與哀葺講堂尋其隆緒

而思暢其宗風誠善舉也會工竣諸生郭肇昌等請予

言以識麗牲之石予性闇陋於道未有聞無能發抒紫

陽之萬一而喜是舉上可以副聖天子尊朱之至意下

可以激後學之積風其有裨於文教非淺尠也工肇於

康熙三十三年九月廿五日落成於三十五年三月望

日其有事於兹役者具載碑陰爰書而歸之系以銘銘

曰窅窅樊川大儒攸止筆挾風霜綱提目舉大海所歸

高山秀峙多士雲蒸講堂爰啟嶽麓讓輪嵩陽遜美諸生以時橫經習禮勿荒於嬉勿豪於里覘指如歸紫陽弟子

趙宏燦號密菴甯夏人提督浙江

樊川書院記

歲已巳春奉命鎮甯台駐節黄巖初至釋奠先聖先師覩頖宮工作將興有始事無繼事也不覺懔然者久之或有告予曰盍竣諸厥功甚懋予曰聖天子方車書八荒之外六合之遙罔不臣附矧茲海以内敢止以武備

謝也且予舞象受書先君子旁一言一行靡不以聖賢爲兢兢敢忘報耶既而有以樊川書院請者院在郡南五里宗祀文公朱夫子葢因提舉浙東常平在樊川獨久註書授徒黃之都人士皆以夫子爲師而尤相其地利疏河導水蓄洩以時人之見樊川如見我夫子也築之祀之數百年來今已榱桷就穨矣予聞之益憬然遂於竣文廟之餘再有事於書院者予之志也雖然横經之士予甚親也持戟之士又甚親也而負耒之民則更不敢忘凛聖天子子惠元元之意予敢刻忘於衷乎是

以九載相與安之未有以一日之公旬爲民妨也未有以一介之私取爲民病也所懇懇者尤在朱子遺制之河邑志列之最悉予又憫邑志之剝落將書俾新之爰是志書與濬河並舉事將竣會予以憂歸黃之民不忍予之歸也攀馬留馬哀籲於當道擁予於公堂以先君子故雖閭巷之間始則以祭焉繼則以祖焉卽處溽暑情與時俱炎淚與汗交漬人聲與馬嘶相雜黃童與白叟互來予方擗踊之後僅能嗚咽若是者竟日予幾不能歸晚乃登舟復有擁至舟中者嗟乎予奚以得此於

黄哉若乃區區前者數事亦未必致民若是然數者果得竣事亦予之志也丁丑旋里越明年蒙恩特補處州履任未幾復蒙特旨有全浙之命兵則吾兵也士則吾士也民則吾民也詎獨黄之人士哉顧黄爲予所已試之地而民又爲予所已習之民也故記契川益思朱子之言曰仁者心之德愛之理義者心之制事之宜發已自盡爲忠循物無違爲信使由聖賢之言愼終如始將以之居心以之度物以之孚堂陛以之交國人於以上副聖天子訓誨臣工子惠元元至意豈不大有裨益哉

予因得聽言其盛矣

李廷璧字元趙河南承城人康熙間令

樊川書院記

樊川書院者，蓋有宋文公朱子著書處也。文公以淳熙間提舉浙東常平，行部至台，謂黃之佳氣萃於翠屏。其山在邑江北十里，儼如畫圖，乃建書院於此山之半顏，曰樊川。時黃之前賢若趙訥齋、杜南湖、郭兌齋、池竹山諸公十餘人，皆受業焉，而通鑑綱目一書，獨委之訥齋。一時道德文章，馨香流布，至今有鄒魯遺風之稱。當時文公與訥齋書凡八往復郡邑志乘斑斑可考則樊川爲黄古蹟洵與河山並永矣夫宣尼生於周季集羣聖之大成其功在春秋蓋春秋作而君臣父子之倫以正是春秋之天下不可無孔子文公當南渡集諸儒之大成其功在綱目蓋綱目作而君臣父子之倫又正是春秋以後之天下更不可無朱子要知聖賢之用心雖歷千百禩而如出一轍也樊川既爲作綱目之地其人傳其書傳則其地宜與俱傳世但知紫陽考亭在新安建甯者赫赫入耳目而不知黄之有樊川實文公過化存

神之地正可與紫陽考亭埒也嘗考諸邑志委羽山之麓舊有紫陽書院祀文公之像洎自嘉靖間汪君汝達來爲邑令復遷其像於故鄉崇院即今祀典所載朱子專祠是也無何兵燹屢經風雨莫蔽竟不能葺而丹雘之又誰起而問數百年前之樊川於山巔蓁莽間耶幸今聖天子崇儒重道加意右文御題學達性天一扁頒之紫陽書院使薄海內外益知正學所在日趨於仁義中正之途蓋彬彬乎稱盛治矣歲在癸酉諸生郭肇昌等呈請前大中丞遂甯張公檄行重建即以邑南五

里祠朱子之祠爲樊川書院總之紫陽書院朱子也樊川書院朱子也既可分而爲二何不可合而爲一乎歷四載工乃告成緬思文公居黃著書講學築開濬河其有功於黃者甚溥斯舉也郎郭肇昌等所以報功報德其不忘文公教澤之心可見矣余以末學承乏茲土當春秋瞻拜時每欲一紀其勝乃以簿牒轇轕未得濡毫伸紙茲癸未孟夏文公裔孫奉祀生員時浗者以樊川記請余不禁欣然喜曰黃人何幸得沐教澤於當年余又何幸獲記樊川於今日乎觀文公眺覽山川流連吟

咏黄賓爲賞心之境則丹崖翠壑蒼煙落照間莫非神
爽所凴故道德文章代有聞者而今之人尤當淬勵奮
興鼓舞文運其必有以默相之矣因記樊川而幷有望
於黄之人士云

平　遇號樵風山陰人邑訓導

樊川書院記

夫記人者必繫之以地重其人亦以靈其地也今之稱
朱夫子者一曰新安朱子一曰考亭朱子新安夫子所
生也考亭所終也海内之人無不知爲新安考亭矣樊

川朱子則人所罯而未講者也夫樊川何地台之黄巖
翠屏山者是也黄巖今縣而昔州朱夫子以常平使者
蒞台樂黄之翠屏望一邑佳氣盡聚此山搆樊川書院
作通鑑綱目與黄之趙師淵郭磊卿杜曄等共相考訂
輯成全書通鑑綱目繼春秋而作春秋續詩亡而繼王
迹一褒一貶華衮斧鉞綱目直接春秋不與凡史同例
孔子不能行其權托之春秋以行其權朱子不能行其
權亦托之綱目以行其權不特集註五經發堯舜禹湯
文武周孔之道而綱目一編爲史中之經其功亦可忘

則註綱目之地尤不可忘而今人但舉新安考亭至於樊川台之士知之外此昧焉嗟乎某山某水鄉先生釣遊之處必謹而誌之况註書爲莫大之功綱目又諸書中莫大之功作綱目而居於樊川其人之傑其地之靈可不附之以並垂不朽乎故書院無處不存而朱子書院更爲表表朱子書院過存之地無處不建而樊川書院堪輿新安考亭鼎列爲三以宇內鼎峙之書院幸於黃巖有之讀註解而思水源木本瞻宮牆而歎榱折榱崩黃之人宜修之凡列名教者無不當踴躍助修之有

宇宙不能無朱子有朱子不能無樊川有翠屏之樊川則祀朱子之專祠當與所生之新安所終之考亭海內咸震其名豈僅一邑之瞻仰也夫黃之朱夫子祠額曰樊川書院表夫子樂居樊川且以著綱目編紀之地云歷宰生郭肇昌趙湛池崇紳蔡允璜潘榮彩等樹碑祠側後之覽者庶有徵於斯文

蔡元昇

樊川書院記

康熙三十五年樊川書院成越明年孟夏邑父母與紳

袍諸公乃合捧夫子升新廟元昇率男兆龍夢龍瞻拜
其下緬思吾黄何幸得夫子提舉茲土被服教化迄今
不衰哉其在當時良法善政指不勝僂惟濬河築閘澤
溥四民集說註書功在萬世至若綱目一書與春秋相
表裏其助流政教綱維倫紀爲尤大焉元昇生也晚誦
讀遺書思其羽翼六經闡先聖所未發爲後學之津梁
厥功匪尠昔人建祠尸祀良有以也豈猶夫捍患禦災
一善足嘉以垂示不朽歟今聖天子特崇理學丹艧闕
里躬詣釋奠而關閩濂洛咸以從祀訪東野而表元功

罔不周悉而於夫子尤爲獨至御書學達性天扁額詔懸新安考亭其所以隆重之者蔑以加矣吾黄樊川迺夫子著書講學之所烏可漫不加敬聽其荒煙蔓草乎友人淬志葺成一新廟貌元异雖衰朽能不勉力勸事耶獨是從來無百年不敝之業而有百年不敝之人後之視亦猶今之視昔爲繼繼修葺經久常新俾與新安考亭並傳天壤固所願也曩者張大中丞檄行重建茲荷張大文宗繫以記銘數百世下不惟生斯土者流連愛慕追溯無窮且令過都越國賢豪名宿咸切嚮往稱

述不輟斯不誠爲親被政教者之厚幸也哉

秦錫淳號沐雲臨海人

重建來鶴亭記

委羽洞天之界舊有來鶴亭年久傾圮乾隆丁丑周幹管君因其祖節推公墓在洞上而爲之重建也節推公歷任有冶聲迨家居葛巾野服怡情泉石偶登茲山坐而少憩顧瞻徘徊情不能舍因訪得售主喜而告人曰山靈於我有夙緣焉遂成空明唱和詩凡若干首内云偶尋委羽空明地近在壕頭咫尺間即今藏眞處也噫

節推公其殆仙乎邑侯乾齋劉公蒞黃五載原茲山爲道書所稱大有空明第二洞大廻恢復名勝以壯大觀閬洞上宜仍置一亭因諸營者曰爾祠墓在此爾盍倡其事以助洞天之勝并爲爾祖光曾君唯唯亭成後劉總戎陳公來遊仍顏之曰來鶴衆異焉以爲特指本林隨羽於節推公無與焉余曰不然隨羽者鶴去也今曰來鶴其當爲華表柱乎夫仙非一仙鶴非一鶴本林之鶴由此而去焉知節推之鶴不從此而來去者人而仙也鶴來者仙而人也人而仙者子喬乘鶴之謂也仙而

人者合爲化鶴之謂也於此而推又焉知緱山之鶴後有來自緱山者遂可專指爲子喬之鶴遼海之鶴後有來自遼海者遂可專指爲遼海之鶴乎夫緱山遼海千古以來猶是也何何疑於奉林何疑於節推哉噫節推公其殆仙乎管君季弟從余遊偶與其探委羽登亭而望幽邃窈窕萬境縈澈宛如赤壁江上遙見有飛鶴從空而下恍惚間孰辨其爲鶴爲道士耶嗟乎我知之矣節推公當爲奉林之後身鶴其偕來矣乎及歸囑余而爲之記

潘文韜字六酉宣平人以舉人選授本邑教諭

九月羽山雅集記

委羽山天下第二洞天也余昔者遊而疑之謂介天台雁宕之間若難乎其爲山何居而得名洞天且擅居二也已未九日汪子節夫潘子届右阮子介石朱子千物葉子子與柯子鑑水約余與同寅東沙何君再登高於此杖履而至者八人焉既而邑侯張君擕其二麟趾一高足暨昆陵劉子吳門陳子亦步履而至者十八人不約而同是日天晴而陰氣爍而爽山之巔有坪可容千人

綠草紅蘇若鋪軟裀以待遊人者席而坐之忘其形跡坐之既靜其觀彌曠環望四山則高者聳秀卑者迎蒼遠者揚薇近者鬱翠其東北泱洋則海霞江靄無不競彩呈奇以供茲山之廣挹而虛受嗟乎山何必自為勝集衆勝以成其勝天空海闊莫非其有倘數大地蓬萊哉予乃憬然於昔之所疑以今之所得起而質之張君曰山之得名洞天而居二也或者以此然乎否乎張君曰然諸君子亦以為然又可樂者俯視平疇青黃被野煙火萬家場者圃者穫者薪者牧而歌者熙熙焉適其

所適舉目太和在天地間於是張君呼青州從事酌其樽罍併其殽核爲羽山也飛羽觴以應之眾皆傾懷樂甚暢哉集也孰謂常在第二洞天乎哉然集稱雅者何曰味不羅珍彌覺甚旨聲不絲竹彌覺其韻所謂氣臭如蘭人淡如菊者非耶抑以不期而會人亦適合重九之數登高而有登瀛之勝焉張君聽之爲撫掌曰噫雅甚矣是烏可以不記

宋　濂字景濂浦江人明翰林學士謚文獻

月堀記

余退直詞林戴華陽之巾被鹿皮之裘焚香默坐存神
規中太和薰蒸百體欣順龍降虎升水溫火寒周流窗
綿莫究端倪沖陽子自空明洞天翩翩而來碧瞳方頤
氣貌充甚謁入揚袂言曰月堀之義子知之乎揚雄云
西壓月堀指月所生之地也吾意則不然太陰之精朔
後晚生至望而盈盈極而衰隨日漸虧晦而復蘇上下
二弦虧盈得平氣和弗偏吾煉九還七返靈丹抽添進
退之候每於月而取則焉因名其室以月堀所以志之
子曰陰陽不可偏勝也獨陽不生獨陰不成乾坤擣精

六子乃凝水坎火離中藏偶奇用奇變偶乾道於茂重陰盡消純陽則昭久而行之與道逍遙是謂三一之眞也復命之區也若取則乎月無乃專溺於陰乎沖陽子曰二氣之精互爲其根房日之兔畢月之烏取象表微指意其微陽既含陰陰亦含陽苟舉其偏道則全張子何見之拘耶予曰言則美矣其理尚有所遺也人身之中有元牝焉繫乎天根呼吸所關絲絡聯緜枝葉扶疏靜以養之一氣孔神超於象先不見其朕 玉色漣娟天光內朗蓋以無爲而得無爲而成孰火能爲其候孰鼎能爲

其鑪孰藥能爲其材我皆不得而知也假形托物著於丹書顛倒錯亂自漢以來已如斯矣吾將與子握手登明洞天之上當素月流輝銀鋪水翻瑤露初滴寂然無聲委羽仙人必騎黃鶴而一下之與子稍一叩焉則子之說爲當矣沖陽子喟然而歎曰道有精粗象分內外非粗不足以別精非外不足以形內初機之徒未忘乎物苟不以此示之必大笑而走何可與上士元功之成者並論哉子之說固當而吾之所取喻又豈可少哉於是相視一笑沖陽子揖而退予送至庭外沖陽子復請曰

一陰之生其卦爲姤是月堀也一陽之生其卦爲復是天根也邵子嘗往來其間而所謂三十六宮都是春者其與吾月堀之義頗有合乎予曰此大易精微所繫雖更僕不能盡也予惡能知之予惡能知之君嘗聞諸庖犧沖陽子曰唯沖陽子張姓輔其名以廷翼爲字台之黃巖人蓋有道之士也

委羽山續志 卷二

委羽山續志卷之三

黄巖王維翰嘯林輯

雜文

盧廷幹字運治號栫林

委羽山賦以瑤草琪花琴聲鶴影爲韻

伊會稽之東部多名山之嵒巺天台標奇而跡著雁宕聳翠以名標惟龜兹之蕞爾亦勝概之高超秀奪崑崙時有靈氛拂拂肩隨王屋頻來道氣飄飄軒帝藏八會之書穴封雲氣毀翁鍊千年之汞石化瓊瑤若夫嵐氣

空濛靈泉浩淼薰風引至園中修竹成叢清露滴來嶺上老梅合抱碧桃萬樹枝頭丹火誰燒紅杏千林徑裏遺芳孰掃靈禽滿谷啼出清音瑞鹿盈山啣來芝草他如空明之洞境地幽奇入焉以討曲折透迤通員嶠於呼吸雲根隱見近蓬萊於咫尺海氣迷離思折聖之遊豪情孰繼闇櫓聲而返奇事無幾洞口石床競說貯經之跡山前瑞井爭傳濟世之資捫葛尋來不見遺丹在竈披荆步去何曾有樹名琪爾其六子祠空止有樫杉掩映二徐宅廢徒留萑葦參差劚獨收苓雨濯異香馥

郁採芝種朮風吹瑞色周遮縷縷鑪煙看山叟茶烹柏子熒熒竈火知村人餅熟松花訪樵隱之故居巳封苔蘚望雲中之古屋久没煙霞則有玉京仙子結願遙深酣搜奇趣淨豁塵襟宛委山前曾讀烏蟲之字桃源洞口久聞冰玉之音既越水而問山雲堆芒履遂依巖而附壑徑出松陰金碧熒煌映野花於逵岫風煙繚繞接喬木於平林漾曲水之新流光分皓月振大鏞之逸響韻協清琴於是遊人麇至騷客閒行春光澹宕秋色輕盈乘夏風於長日踏冬雪之初晴莫不命儔嘯侶挈榼

攜罍淺酌深斟酒泛中山之釀揮毫潑墨詩成鄴地之聲拾方石於山巔羣稱神物採丹砂於巖竇擬學長生爾乃遨與翩翩沖襟綽綽指白雲而飛去一瞬滄桑招赤鯉以歸來千年城郭到此利名都盡惟尋斷碣荒碑何妨歲月頻催且聽踈鐘泠鐸長徜徉於福地我欲驂鸞探消息於仙家君看飼鶴歌曰俱依之山幽且靜空明千載稱仙境自從片羽沒蒿蕪瓊編零亂無人整蔬珠宮下客重來仙都依舊霞光炳好從洞口讀黄庭夜夜風搖椽燭影

王澧芷字純憲號南湘 郡庠生著有江峯草

委羽山賦

出迹薰以遐眺玩委羽之幽姿勢不高而磅礴形如伏以逶迤插鼇頭而右峙橫龜尾以西垂涵空翠於銀塘無纖不秀布遙光於蓬島有岫皆奇紫霧青霞燦燦作仙人之宅琪花瑤草茸茸映白鶴之陂當夫遐舉升天垂雲置羽始遇卯金繼成典午時經百載猶指劍影以高飈世隔千年尚聽琴聲而欲舞訪丹鑪於深谷一片形雲啟玉檢於崇岡半天法雨空明洞裏泉聲分爝火

之輝文獻堂前書韻溢青煙之縷煙霞寂寂蘿薜蕭蕭
啟圓門於亭畔穿邃竅於山腰既寬變以幽邃復璁瓏
以逍遥透明光之一綫挂點滴之千條藹蒼苔兮漏日
吐紫氣兮干霄美並靈巖名分隸乎大有小有空通滄
海響迴别乎吐潮納潮其上則有方石嵌空隨時藏伏
稜稜圭角不待刓而端嚴燦燦璠英豈量鑿而整肅明
霞滿塢杜清獻之懿範猶存香水流溪劉仁本之遺嶽
可掬洞天稱最福地無邊鬼神資其呵護風物助其流
連春花明兮照檻夏木鬱兮揚煙秋月澄兮入戶冬雪

皚兮呈鮮丹竈安留雲下 翔鷗之浦靈芝不見草長白
鶴之田曠兮絶塵悠然遠俗點點金沙層層綠玉一泓
丹井夾桃李以紛披半幅經幡標雲霞而斷續貫列缺
之倒影恍度慈航探真境之飛符儼貽金粟況乎樵徑
縱橫草廬卜築宅隱二徐亭支一木仙源窈渺兮流水
急瑞井迷離兮浪花簇臺空日落千秋釣鯉之巖袖倚
風生一片棲凰之竹咸擅美夫幽棲足稱名於玉屋乃
歌曰山毓秀兮地曜靈吐丹霞兮呈昴星洞之幽兮通
杳冥鶴來翔兮舞中庭時邂逅兮倏遐征空延佇兮萬

峯青

周省三號耕墅

委羽山賦

蓬壺之外台岳之間神仙窟宅委羽名山藹藹琪花掩映萋萋瑤草縈環芳名周乎海甸勝跡播於人寰爾其碧岫嵌空層巒蓊鬱飲甘泉之瀝瀝何異瓊漿尋方石之稜稜洵稱奇物眞修九老自謂過之福地三山未知同不則有清虚之洞通東海以無聲來鶴之亭矗西山而獻彩漠漠兮煙鏁崖岡溶溶兮雲封蔀蕾徑隔薜蘿

香分蘭茝聿追古蹟之常存不啻應眞之宛在至若西枕翠屏之秀南凌丹崖之高一水環乎北郭二埨鎮乎東皋點點霞飛映丞霄而近迎紫阜深深雲靄連蓋竹而遠接金鼇故洞號空明宮稱大有羽客以之修眞名賢以之洗垢擕夫子女知司馬之芳躅猶存控彼靈宵侶奉林之飛昇已久美哉玆山積此磅礴之氣別開勾漏之天靈垂今古名著後先讀杜光庭之賦迥非凡響誦謝靈運之詩允矣名篇鶴影琴聲謳吟同乎勝地石牀丹竈美跡寄諸飛仙於是問長生之妙訣曾說仙鄉

瞻靈笈之瑤編別傳典則十洲之翡翠難同三島之菁英莫測遊子於焉而忘餐仙禽因之而墜翼爰作歌曰瞻羽岫兮深仰止望霞峯兮時遊行羌覽勝之無具兮應羨謝公之屐恨塵襟之未滌兮孰聆子晉之笙喜茲山之仙跡兮並玉京而弗替擬登高而作賦兮樂聖德之無名

劉學瀾號觀亭江西新淦人山東高密令

委羽山十二景賦

出城闉以遠遊擬通幽而躋峻景翠龜之菁葱因控鶴

而稱盛若邛州鶴鳴之山即仙禽而名以命望之縹緲
而盤迴陟之坱壝而深靚林巒之濃淡難分煙雲之變
幻不定方將跂廣坪探衆美覓滌書窺海市乃有西澗
先生適逢南郊處士採芝消遙傍松徙倚爰揖而進之
曰子固山居者也洞天之在台者有四而委羽爲莫比
十二景之趣其有可紀者乎處士曰夫十二者天之數
如星占野如月分卿如巫峯之並秀如鳳管之和聲如
虞廷之州牧諧庶尹而濟蒼生也稽夫嵩嶽之貢卯金
之裔遐想靈風期誠元契因心則通至懷所詣遂鼻祖

此山之名慰神丹可合之志石則一拳彌少百碎皆方染灰成性孕土胎光射難飲羽叱竺成羊孰鞭之以渡海孰煑之以爲粮恍重鑪鑄器之采若女皇煉色之章巨㛐骰子之稜角細同莧實之微茫洞則一線中分入者蹐跼負燭而前燃火相續窍然虛邃然穆晝無明夏無燠虎豹不藏蛟龍不宿每朝釆之熹微帶朱霞之紛郁儼棟閣之連雲似斗拱之映旭現霓裳於麗娟靄紫氣於函谷若乃亭顏來鶴寓意招尋緱山返晉華表歸丁抗耀日之丹頂引唳月之圓音厭瑶島之岑寂矯健

翮以遐臨孤射冰肌香繞何遜風流意深淡淡兮鄧尉之花自古疎疎兮羅浮之幹在今又如空明題扇道觀屢創藻梲嵯峨元闕幽曠額標子雲之書址賡司理之睍金鏞爲内府之珍寵錫得上眞之像風送傳豹尾頻敲曉起聽鯨音正暢到客船而非虛同無射而何讓復有月中泣露琪樹枝高地不愛寶秀毓罔藝青碧歲異璀璨光搖示變態於三載舒紅萼於萬條近渥丹而掩婥遠合琛而綴條似麻姑爛熳於擲米恍鮫人炫熠於泣綃亦有鉛汞之精演爲人用無慮瓶瀛兼療疾痛數

尺兮非深千祀兮弗墮侯可占乎蹻兩功足齊乎乳運
非丞相之火燃非貳師之誠動非伯益之浚砌比鱗爲
邑居之所共剏自仙踪肇跡巖隱多奇超傅巖之版築
跨密巖之蔽虧異九折而江光在望等大若而塵繫皆
離殘陽已挂蒼松杪篝竿欲拂珊瑚枝則金鯉也而可
以釣何羨乎尙父之磻溪暨夫元代之遺民古樵之隱
君子厭下士之登濁式爛柯之高軌當伐木之丁丁儼
瓊樓之棲止霜莖倚雲而皆積玉屑隨聲而輕委則夏
日也而可以樵何嫌乎東郭之敝履不但巳也當其游

屆但暑律中林鐘爲絺爲綌服之在躬則有簹篔篔簹
箇篛籠籦虛心高節外直中空晴晝而同陰雨炎方而
滅蘊隆密蔭不思夫河朔蘭臺詎別夫雌雄箓竹如篔
以是爲淇澳之風不惟是也乃其和氣通靈神工默運
古榦呈輝鳥文含暈大喙赤羽厥椎斯奮鳳仙則與花
爭妍鳳尾則視草加雋於是金縷有聲若遠若近賡六
律之鳴致九苞之覲載好其音以是爲睍睆之韻雖然
書陳導及之次易著通氣之銓山下有澤非東西二源
乎浩魄入而涵鏡新暉浸而上絃輕雲籠而不掩流水

去而還延天宮瀉白眉之采地軸開青眼之睄朗乎一塵不到庚公之月堪憐也至若潦淨潭清秋高玉宇散淒淒於霜葭飛冥冥於鴻羽混一色於江天過萬重於洲渚來往乘潮其爲閩越之賈乎返照翻於石壁輕颺郵其柔櫓浩浩乎憑虛御風長康之帆可數也夫十爲盈數加以二而數大備廻非假稱珍怪以爲潤色而二洞環奇已不出覼縷之內先生乃慨然歎曰山爲仙靈之窟宅是皆然矣然而土無常俗情隨事遷鴻寶欲求其髣髴陳迹已變於海田且造化權輿不峙於寥廓

閒踦而迴於城闉通門則不輕舉而宅之亦可以遙想而存焉其閒二徐子之宅雲中生之阡文獻文毅之書院杜趙池林之薪傳談經之皋比燦設授業之露硃常研皆可備萬物於在我吟風月於無邊鍾英偉於喬岳發靈秀於名山匆盡諉其責於方外歸其道於偓佺處士翛然仰山而歌曰環山平衍匪穹窿兮琪葩珠樹生蒙茸兮明霞霽映扶桑紅兮何必買山若載顛兮歌罷相揖而去余亦旋署百慮澄然不知閒時之既暮晨興復有感於其言援筆而賦

馮賡雪字纘修號瑤田臨海人

委羽山方石賦

探仙蹤於委羽羡方石於山中鍾精靈於地脈洩奇秘於天工鏟岡阿而磊落豁嚴竇以嵌空石角窺來反三隅而矩合雲根撿出拭四面而形同當夫仙翁道就九轉丹成餘灰所化瑞石斯呈爛如赭汗朗若金精觚稜陗削匡廓巖明分方巖之魂礌奪方竹之菁英劉方圭而飛屑碎方鏡而結晶煽重鎚之鑪鑄遊不易揭巨靈之掌劈此難成是其不事雕鐫何關磨礲點綴乎大有

之宫晃耀乎空明之洞雜若蘚而斑斕任雪霜以凝凍顆顆崑刀切就並含玉印之光稜稜月斧裁來直貫金錢之空既形端而骨重誰剂方以爲圓礪邊旁其如砥削上下而中堅塞銀筐之密服濯玉井之甘泉精衡衡殘階難填海媧皇鍊得正可補天於是堅確長存整齊可依鬼劃神剂天生地產攻錯則八角生鋒鐫章則四圍可撰立廉隅之正性何必走入珠盤守端潔之芳標不須磨穿玉版幸有鍔而有稜復不偏而不倚非碱砆之可倫亦琅玕之莫擬如將列陣正位乎分倘若點頭

寒芒四起山開月冷堪盟壯士之心洞口泉清能厲幽人之齒選赤心於洛水孰能過之探碧眼於端溪何曾有此至若書以方策爲古儒以方履爲宜義以方而體立智以方而用施唯兹石之端確托靈境而稱奇羌中矩而合度還象地以成儀磨不磷兮獨著剛方之操正無側兮永存嚴厲之姿蓋將爲斯世立則守正而不移者也爰爲歌曰山委羽兮仙之島選方石兮踏瑶草石稜稜兮角端好淸露潤兮白雲抱石之方兮守身道百爾君子兮當知所寶

阮培元字延繡號篤庵已卯舉人嘉興教諭

方石賦

名山骨秀福地產奇洞府之幽光乍啟神仙之化跡猶遺方其陰陽既配文武交施歲月深而黃白就丹藥熟而鑪鼎移飛餘灰兮山徑遍紫氣兮江湄毓靈液兮異質呈瑞石兮清姿則有未矩先方不削自碎清韻琳瑯赤班曖曃稜角天成錙銖可愛礅磩有面異圓質之明珠硌硌成文剖含章之瑇瑁當夫朝嵐始解夜月方生風埽岫而煙起露下地而沙明疑鋪銀於洞口訝錯采

於山搖彼巧拙於端奚何肥瘦而傴僂或挺根於彭澤亦頑重而欹傾越履粗疎空自夸夫精氣楚珍碕礒漫相擬於連城爾乃雲壑春深松關人靜羽客采苓高人種杏坐瑤草之敷陰拂琪花之垂影袖白雲以相招出黃壤而露頴連叢錯雜如開百子之房遍眼迷離若伐五金之礦步山巔而競拾匪劚黃精濯清水而愈瑩言尋丹井於是盛以絖素助以縹緗對衡石兮共韻映界尺兮生光供美人之佳玩伴君子之幽芳所以取戒礪石比德珪璋形同廉悍體共顒昂願言勿毀與子偕臧

若夫雎黃出嶓冢之陰空青發峨眉之渚碧髓結青蛉之岑丹石生王屋之巔路必巑岏崎嶔勢亦嶄巖險阻足將進而徘徊心欲往而延佇豈如茲山爰居爰處豈如茲石隨取隨與不覺撫磊磊之奇姿而動悠悠之別緒歌曰委羽山頭竈已空一時靈藥散清風玉華電腦不可得山石猶傳療疾功年年花覆蒼崖老滿地白雲護秘寶神物會須加意求洞口空明天乍曉

宋　濂

雲中辭

黄巖有奇士曰許君蒞其字廷輔治周易煜然以文名
會天下紛擾輒破錢衣操蚍子集兵以禦寇尤能挽强
命中衆初弗信君設正鵠一百八十步外挾弓矢以往
轟然一發輒中之乃皆歎服由是多驅馳戎馬間及天
兵取台州四方次第平大興文治建科目以取士君慨
然曰聖天子在上可以出而仕矣起膺書鄉闈遂取浙
江第二名君文解去通判沔陽府剸煩劇如庖丁解牛
恢恢乎投刃而有餘地已而復慨然曰予家之東有委
羽山其高摩天委羽之下又有桃山焉羣峯相與迴環

日未出常有雲氣起其間縹渺輕盈如兜羅綿籠罩崖
谷如翔如舞絶可愛玩有時下覆櫊宇覺此身飄然在
雲之中恍欲逐黄鶴仙人吹簫而往來也第以君恩未
報不敢决去他時髮種種當掛冠而歸與雲爲朋姑以
雲中生自號蓋以表其志云夫雲之爲物出乎太虚欻
然而有忽然而無其變幻有不可測者當長空晴妍紆
徐其興結而爲祥鸞散而爲綺霞其文采郁如也及其
驂䨏欝勃鐵馬長驅雷電爲之恍惚而甘霖注焉嗚呼
何其有類於君也然非雲之類君實君有取於雲也樂

繁華者贈兮藥以相娛務高潔者貽秋菊以爲糧物何嘗有心而人自强同之爾子方與君談雲中之趣君忽昂然而來顧予言曰弼知誦子之文久矣盍爲賦雲中辭乎予聞君襟韻洒落得喪一歸於天故其顏四時無憂色其號爲雲中也亦宜爲之辭曰

委羽之山兮雲薄之勢輪囷兮復參差膚寸而合兮旣合而復離不崇朝兮雨㴽瀰㴽瀰兮雲之歸元功泯泯兮邈難知嗟爾雲中之人兮胡不爾思或出或處兮恒與雲以相期

戚學標字翰芳號鶴泉太平進士

委羽山方石銘序 集韓

斲石於此以相磨礲浸灌皆得人力而後完也得石者固有異焉採於山未接人事不煩於繩削而自合不以雕琢爲工神設鬼施層見間出方同功於造化不書於傳記古未之見也始者讀書城南盤谷之間宅幽而勢阻草木蘩茂飛閣渠渠南墻巨竹千挺高不能踰尋丈而缺者爲洞繚而曲窈而深日光穿漏久乃可明心閒無事觀於物見山水崖谷僕誠樂之既數日衡山道士

幸然叩吾門而來石英以百數羅列而道怪怪奇奇可
喜可愕熟視之匠氏之工也莫與爲比某山某坞其孰
從而求之其何能致多如是耶道士啞然笑曰未嘗求
之豈求之而未得耶在嶺之上世世多有風雨少蝕猶
班班見則躍躍以喜使奴星入溪谷爬羅剔抉亦有可
探欲以多罄之踰嶺白石齒齒昭布森列不可勝數噫
自藏深山歲月已久委棄泥塗孰爲而孰傳之耶蔽於
古而顯於今孰非天耶吾因之有所感焉南方之山磅
礴而鬱積巍然而高大者神氣以靈其水土之所生幸

有石不能獨當也意必有魁奇忠信材德之民明白純粹渾然端且厚與時俗異態吾又未見也其必有慕焉志於斯石道士曰是宜銘銘以著之曰寒居之洞廓其有容潛深伏隩維子之宮乃伐山石澤然天成收之如賢延之上座曰貞曜先生

黃　濬號壺舟晚號四素老人太平進士江西彭澤令

重鈔委羽山志序

委羽山志六卷係有明萬厯間邑人胡伯舉李希英所修嗣板燬無存而梨本亦不復見盍黃邑屢遭兵燹故

書籍亦丁其厄也　國朝道光十四年道士陳敎恩居
觀中收城鄉殘字廢紙而焚之偶得是本然已零落碎
壞幾於不可收拾道士爲補綴而珍藏之道光丁未之
秋余遊茲山本旭章道人出以示余余因借鈔是本以
原帙還之疇昔之夜夢青童君贈余一册曰採芝圖及
啟視之則畫壯丹也意者青童君命余多買胭脂代爲
流傳之意乎余聞命矣

王　棻字居煥號子莊又號耘軒甲子舉人　著有冰雪文集九峯山志戊辰主修邑志

影鈔委羽山志敘

天下之名山必以其高且大獨委羽頹然海角黃袤不能以里計而道書重之踰於五嶽蓋其爲仙窟舊矣前明邑諸生胡伯舉嘗爲之志其書流傳絶少自邑藏書家皆無之余來之久訖不能得或言大有宮舊有藏本已爲黃巖舟山長假去遂莫能致卽亦匿之歲辛亥予肄業萃華書院院南爲文昌閣與閣黃冠委羽出也秋後以事家居偶詣院則少林嘖嘖以得見委羽山志誇予問之則舊本故藏委羽適典閣者假之來也余聞躍然就詣索讀則已歸之矣余里廟道者亦來自委羽山因

從乞假越日袖至益郎壺舟先生所假本也中有壺舟補正數處閱其跋語乃章鍊師本旭於廢紙中檢出者嗚呼其存亦幸矣遂具箋筆除其裝綫葉出之而影寫焉字體古別悉依元本間有訛誤稍按六書損缺數處或仍其舊惟篇首張仲孝序僅存一葉以縣志較補復爲完書共六卷七十四葉詳其小引似更有附遺一卷今不復見豈散佚歟更旬跋事如獲異寶益不徒爲名山之秘笈抑亦以備梓里之遺聞也書之以諗後之得是書者

朱時琳號桂陽文公十九世孫奉祀生員

樊川記跋

粵稽山昉於崑崙河源於星宿人亦必有所本也豈皆若伊尹之生空桑夜郎之產斷竹哉涑家世居新安由來久矣今則以建陽爲本貫者何蓋以通議大夫韋齋公初授建州政和尉再調南劒尤溪遂爲我文公發祥之地爰定居羣玉鄉三桂里不復歸於婺源曾孫中有諱湋者知婺州滿秩因之台訪文公復古書院遺跡久之避時難仍隱永甯海濱即今松門寨之世祖再分烏沙浦家廟巋然自文公以來凡十七世則爲諱守壇承

祀十八世則爲諱國鏈承祀今且子孫繩繩則又以烏
沙爲本貫矣嗚呼向非祖德高深如山焉如川焉烏能
致是浹辯追溯韋齋公當日以承議出知饒州請開得
主台州崇道觀而文公提舉浙東刺史公又終隱玆土
不可謂與台無宿緣也當韋齋公晚年屏居建溪之上
日以討尋舊學爲事洎文公所至之處牖廸斯民爲心
於黃築樊川書院又孰非山林之日長講學之功深也
平院在羽山第二洞天宵澹淸幽至是黝堊丹雘煥然
一新東齋郭先生實費厥力焉足徵鄉道之篤矣浹僻

處空山情切未遑何幸今日俾兹書院鳥革翬飛向非
祖德高深如山焉如川焉烏能致是猗歟偉矣涞雖不
敏能無贅言於跋云

李何煒 號我庵涔陽人壬辰進士順治間令

募修大有宫疏

天下之鬼神皆不可以形影求而自有畫者塑者出則
慈者見其悲憫獨者見其震怒此非兩工人之意爲之
也誠不可掩聖人實有神道設教之理彼直習其術而
不察耳論鬼神而至上帝其在書傳則易稱出震詩咏

臨汝皆就理與氣言之理與氣空行於天地之間而鬼神爲理與氣之主上帝又爲鬼神之主乃不可以無所位置朱子謂天卽理而卓吾謂郊祀祭天豈是祭理此語抑又不然予嘗以意言之譬如有人延請師傅爲其子弟講說道理其所謂理皆屬心性似爲空虛然而講說之師傅必賓之別館隆之宴飲而後明理有地又如有人延請醫工爲彼病者調補元氣其所謂氣非有迹象亦似虛空而胗視之醫工亦必賓之別館隆之宴飲而後益氣有方以此相比天下凡鬼神之雜然不可舉

者鄉塾訓詁之士壓井瓦片之流而上帝則理家之孔孟醫中之盧扁理與氣不可泯沒於天地之間當必求此理氣之主宰而安之止之矣大有宮之所由來自劉奉林而後便有之蓋始於宋云宋儒好辯佛老好談理氣而當時大臣投間則提舉宮觀此豈道君皇帝之爲也當數十年以前人民稠聚田產殷富此氣盛之時也明知忠孝幽知譴責此理明之時也故其時宮貌壯麗宮衆萬衍及乎晚年水旱歲告城市空徙不知紀法大半盜賊總由理與氣皆蕭索晦暗之故今自我 國家

定鼎至於是年十有三春逋竄復返戶口皆增四維既張烽煙絕息蓋理與氣將有昔日之觀而道人之請所謂因人心之動而起焉者也人不能自日見鬼神而入廟則拜之人不能見氣而見參苓則珍之此其心自有一齋明盛服以承祭祀之意而因以其力從則損貲而修囊錢而助其有不能自已者矣且夫天下之鬼神無有不聽命於上帝者也今黄巖城中所謂四隅十廟者其在鬼神籍中不過千萬之十一耳而每歲問工歛金蓋有之矣豈其於帝宮而安然聽其傾圮乎今有小小

鬼神能爲災祥禍福人之畏之形諸夢寐至於上帝乃反置不問此猶爲侯王者其臣僕輿隸作威作福恒人望而恐佈跪伏其主人平易近人顧褻視之噫亦大可笑矣予之爲此言者欲使人知有主人也知有主人則必使主人安其室其臣僕輿隸皆有寢息之地而主人始安然則斯宫也安可以不待衆力而修而造也哉有志者其各書所助以見尊信毋忽

張中選號龍城沅州人康熙間合從祀名宦

重修朱文公祠疏

夫人在宇一介在宙一息而其名與宇宙無終極者政
教也敢政教之邪正學術爲之宋興百有餘年諸儒繼出
爲聖門首功者惟元晦朱夫子後人習其傳讀其論說
如見公焉況其設色肖像儼然而臨之於上乎黄爲公
行部地當時經營濬築利濟萬世者無庸述惟寄跡樊
川著書授徒邑鄉先賢親出其門至今墨香流布有鄒
魯之遺風夫人治行播一時者精神在民牧道氣足千
古者意味則聖賢以後蒞兹土能其官者有之以是遂
號曰儒者則難言也予濫竽於黄幸親手澤出拜祠下

覩詩書禮樂之容生文章道德之感知黄人之尸祝之
祟祀之有自來也或曰院以禦祟名蓋爲其地多魔魅
故建是鎮壓之今世教榛蕪人心回惑其爲魔魅也多
矣顧此遠當震攝之日而僅僅俎豆肅蹌之様宇哉矧
上風旁雨久已就蠹然有其蠱之利用革予於是正色
曰後學賴有先儒先儒亦望有後學今有守先起後之
責以精神通其呼吸柰何有所傾圮而不一爲之葺理
乎捐俸倡之邑縉紳孝秀翕然相謂曰令之爲是舉也
崇政教也敦學術也感樂從事不數月而觀厥成謹爲

之記以告後之同志者

盧廷幹

重修委羽山大有宫徵詩引

天台而南雁宕而北書稱福地俗號㑹依海内名山溯去骨隨王屋仙家勝蹟傳來秀奪峴崘劉奉林之飛昇一時委羽青童君所主治千載空明洞口琪花繚繞半空紫氣巖前方石鋪排遍地黄金看片雪於山椒應訝世猶太古弄五雲於翠徑幾疑身棄人間恨晉别之靑蓮夢遊未到羨修眞於司馬賣卜曾經慨自鮑子無存

空有松杉蔽日段翁何在徒餘芝木迎風問誰逐才衣青已笑居人無識到此堪悲苦録豈徒才士傷情幽禽三兩聲但聒樵蘇之耳春風廿四度止飄芻牧之襟夫以緱嶺月明建臺以志王郎之去晴川日暮修樓以彰費氏之來自昔跨鶴遺踪皆若關雄西北獨此墜翮奇處翻如地闕東南可憐人事多非滄桑倏易遂致山谷遜舊骨氣徒存玆逢神宰楊公金馬名流玉京仙種陽春有脚清攜一鶴偕來福曜無邊快覩雙鳧飛至三年雖未報最期月已有成功乘餘暇於簿書寄徜徉於仙

窟蒼崖紫石盡勒豪吟白鹿青猿咸迎書疊轂於是訪求遺跡營度荒基聿爾重新皇焉再葺啜青香之泉水井倘名仙拾霄亂之朝霞丹還在竈單身鼎建作窰不待於釀花一簣成山爲裘何須乎襲䕶歎昔日雲幢霧幄羽客無光看今茲月榭風櫺山靈壯色從此金鞭玉勒花茵踏破南郊瓊軰瑤觴酒浪傾來北海現蓬萊於咫尺已有奇觀對閬苑以逍遥可無雅咏勉成俚語慙非犀管鏤冰敢冀羣公共擘蠻箋鬬雪非曰闡玄關之妙旨亦以表大令之高情云爾

劉世甯字幹齋新淦人乙丑進士乾隆間令官至廣東惠潮嘉道

羽山閘圖說

委羽稱第二洞天而山澤通氣水亦匯焉從柏縣藥山九峯三處發源而流入於西橋港以注之河河在縣東南一里自南浮橋綿亘靈山馴雉飛鳧諸鄉岡阜平疇袤數十里溉田凡數十萬畝顧河雖經緯蓄洩不均稍雨則低鄉受壅稍晴則高鄉苦暵此利彼害交相爲病且海潮亦從三江口折而過西爲大江由西橋而南以入大河於此而閘不建則斥鹵貫注沙泥壅積而河流

復淤矣舊有石湫閘爲宋羅提刑建低而直瀉啟閉罔功今稍移而東相傍於羽山之麓地勢高堅而施功亦易此大南門西南六里水口關鍵之最先者其洞闊一丈三尺高一丈五尺翼水每邊長七丈三尺邊洞闊一丈一尺高一丈四尺梭墩闊五尺五寸長二丈底七層葢興綱必提其綱振裘必挈其領俾久而不至於淹没而炎旱水涸又可引西橋港之潮汩汩然來會河流與金清港海門江之水合同而化以資南鄙之霑溉服疇力穡者其鼓腹含哺於熙洽之世乎

李邦燧字希英

委羽山辯

歲萬歷庚子夏余攜客遊委羽力才倦遂憩空明洞口箕踞而談客曰聞委羽山者別有所在非巖邑之委羽也及詰之無以對第曰人言籍籍非無稽者余笑曰考信載籍猶恐傳譌子乃取證世人齒頰得無爲山靈所噱耶予固陋未嘗周遊天下又未嘗遍讀古今之書不敢强解姑以耳目所睹記者質之若大舜殛鯀之羽山尚書越絶書山海經吳越春秋載之詳矣庚桑楚所居

之羽山洞靈經南華經載之詳矣以非是皆弗論至若鴻烈解有云九州之外有八殯八殯之外有八紘八紘之北有委羽之山然而屬之遐荒據其地則日所不照聲教所不及者也夫日所不照則陽氣弗之達聲教所不及則人力未之通其有其無總屬空花亦可存而弗論矣惟真誥洞天記洞淵集述異記一統志登眞隱訣雲笈七籤皆以委羽屬吾黃巖夫彼各爲宇宙間存實錄豈故爲僻邑乞靈哉況元聖仙靈遊寓飛昇眞蹟種種具存四履㬎鄉騷客玩遊古來不絕則第二洞天非

八紘外之委羽也甚明又況在彼止聞有山不聞有洞藉令其有洞也何十大洞天其九俱在中國之内而此一洞獨在中國之外乎其在黄巖益不辯而自明矣彼疑之者特謂山形僅一卷石不足昇仙而占鷄名耳夫嵩高二室頂不三十里之遙而以爲神州首嶽王詩稱峻極於天且學道于嵩山者三合神丹而皆爲邪物所敗乃徙居於此則此山之爲仙聖窟宅詎可皮相之乎然此無庸辯也李方舟續張茂先而志博物且謂委羽爲三十六洞之一他如崆峒九嶷箕山塗山首陽赤壁

之屬又何怪焉於乎執是以觀世人之謫甯獨一輿地哉管窺無當尚有俟於博雅君子

盧廷幹 字運治號枡林

東西二仙源辨

台志之稱東西二仙源由來舊矣舊志以東源在永甯州東北五里地仙劉奉林主之西源在州南九十里嶠嶺地仙張兆期治之唐杜光庭撰福地記則云東源在台州樂安縣西源在台州嶠嶺似乎仙源止此二所但記西源者無異詞而東源之說則不同焉嘗思之郡志

採六屬縣志而成書仙源之紀實今黃邑舊志而云其說可據至於杜書乃統紀神仙福地非郡邑之紀載也故其於東源雖有所指而並不言在樂安何處樂安即今仙居雖其地亦有仙源但不著東西名號意杜光庭所紀之東仙源即此仙源特其所以云東者别有所指不可以甲爲乙也嶠嶺即今太平之溫嶺左側爲西源山志稱絕頂有冉竈唐時張兆期修眞於此太平由永甯而分今太平昔黃巖地也山既以西源名則其爲黃之西源已無可疑西源既定則東源亦對西源得名其

爲黄之東偏又何疑哉樂安於台爲西邑黄則其南也即一郡形勢之東西可以定二仙源之東西今以樂安爲東是以西爲東也據杜之書無論仙源之是與不是而東西已不可辨惟依舊志而定之不特仙源顯有其處即其所云東西者亦確不可移而台志必合兩説而存之者亦以見載筆者之慎也

阮培元字廷繡號篤菴巳外舉人嘉興教諭

第二洞天校譌傳

道書言洞天者十而委羽山稱爲第二出宫殿於草萊

則由襄平楊博山先生之令黃巖也時有一人月數至洞前至則二三童子負布囊置崖石上所陳列皆神仙經籍繙閱吟哦必數日乃去與之言世間事嘿嘿不答亦不告人以姓名有所題咏則署曰第二洞天校書眾皆訝之余亦聞而異焉乙亥春余友鄭新吾應楊先生之聘入署訓其子弟出晤余言署中有李松游者名林越之山陰人縱遊海內今寄棲於武林紫陽山下楊先生慕其賢以禮羅之與新吾莫逆於心居常好畫蘭然不頻作作則伸紙潑墨日成數十幅分寄諸知心人餘

輒焚之人有强之作者雖持金帛爲壽不可得因號蘭阿道人遊委羽山相看不厭若將終身楊先生興修遺址賴其贊成故又署爲第二洞天校書云是歲冬楊先生移知淳安蘭阿將歸宛委去訪余蕭寺中坐對片時無他言惟孜孜訂委羽山他日之約出墨蘭二紙一贈余一寄栟林盧子以栟林有修輯山志之舉屬余爲通臭味紙尾記圖章則所謂第二洞天校書者是噫異矣蘭阿爲越州大家尊人東郊先生尚義踈財聲名滿一世蘭阿敦節概重然諾視世利如土芥然爲詩文操筆

立就工行楷書隸書與墨蘭可稱三絕至其明敏察機務論成敗得失之宜如燭照數計往往奇中經理紛紜多多益善辦可謂才能之士矣顧不欲以此自表見處芙蓉淥水之際而汲汲注意於山林何歟抑又聞蘭阿昔時遍歷閩廣間九疑二酉嶽麓洞陽與夫武夷雲峯諸處名勝孰加焉蘭阿不之憒而乃於蕭祠一山峪峙一洞有不能釋然者其緣結所在要非凡情所能測識者也或者曰委羽山自周劉奉林後往往數百年間即有異人處之蘭阿豈其見及此耶

楊廷芳襄平人邑令

遊空明洞偶語

乙亥之歲予奉大府檄相度河道過委羽山小憩大有宫秋陽方烈從者渴甚攜修綆取泉於丹井予踵而觀焉俄見空明洞口一人不衫不履踞蹬於蒼松翠柏之間手一編咿唔不釋訊之道人云玉溪盧生栖林纂修山乘下榻於茲閒吏來遁不欲見予素耳生名未嘗睹生道人爲予介紹凡三四往返生乃出拜謁矚其貌檅如聆其言藹如生蓋端士也予神屬於生索觀志稿生

亦若以予非俗吏也者遂傾篋而示之且語曰黃之委羽山其稱仙窟也舊矣劉奉林以此沖舉西靈子都司馬季主以此成丹事之有無本不可知而道書所載未有異詞固非全無可據者第百十年來觀宇傾頹道流星散昔之所云丹臺瑞井已埋藏於蔓草荒煙不復有人焉過而問之經我侯剔抉之下饒有雅觀庶幾仙風不沒福地重開興廢舉墜侯之功洵莫巨焉安可無一言以紀之俾弁諸簡冊用以垂示方來也予謝生曰予固非有山水之癖如謝康樂亦非有丹砂之好如葛稚

川適膺簡命來宰是邑興廢舉墜宰之職也修葺此觀不過偶一爲之且邑之紳是皆與焉予何敢自以爲功且予往讀前史見其譏議秦漢以來方士妄爲神仙不死之說而天台多芝草異藥亦非郴泌所能採斯舉也予正恐蹈乎談元者之遺轍而爲正人君子之所譏又何敢自以爲功哉生又曰自昔循良之吏功在社稷利在生民而於年豐人樂之餘亦多有寄情適志覽勝尋幽之役往往筆之於書或以紀境地之神奇或以言游覯之快意不必盡屬仙踪道跡而仙踪道跡亦孰無之

卽以黄論黄爲紫陽朱子過化之區而世之稱爲正人君子能黜邪崇正者亦莫若朱子爲最乃其在黄時亦登委羽山作爲懷古之詩黄之人至今豈有以此譏朱子者今我侯斯舉而以朱子爲前事之師卽心之証許則謂其不然者予謝之愈堅生之請愈力予不欲拂生意行當撰記以郵生而先述與生論列之語如左

劉世甯

第二洞天石刻

昔黄巖予爲趙上都行石邑山中澗深峭除墻百仞因

問其左右曰人常有入此者乎嬰兒癡聾狂悖之人常有入此者乎牛馬犬彘常有入此者乎皆曰無有闕于太息曰吾能治矣使民畏法猶淵則莫之敢犯余謂闕于當王道式微之日自以私意穿鑿而爲治者耳若今日熙皥同風小大之獄凜遵一定之法非可意爲嚴峻矣本境之有委羽山距縣南五里悠然而與城拱揖不假漁人之問津康謝之開道也高僅踰於邱陵大稍軼於培塿掉臂游行移晷已陟其巔無宿舂聚糧之久羊腸廻馭之艱也市火村煙林霏鳥語若遠若近出没不

常朝暮之間變態萬狀河納澄江溉田潤物莫不帶圍虹繞髮鬚乎薦襟次覩趙氏石邑山澗奚啻逕庭然道書位置蓋由天台雁宕之左西與王屋嬈美由是觀之山之靈異在此不在彼卽爲政者亦可知平易近民斯爲善治而關于所見當與節南山共祓之矣

孫 臺 字歡伯吳縣人同治七年署縣令平土寇唐河洞建九峯靈石兩書院士風大振

第二洞天題名

余始涖茲邑卽聞人道秀羽山之勝道家所謂第二洞天者也値地方多故戴星出入不遑於遊今年秋始得

稍暇乃與二三賓僚聯轡造訪山雖不深而林谷蔚秀石壇秋風翛然出於塵𡔽之外洞口有劉前令世甯碑記幷大書洞名於上惜歲久幅裂惟碑尾鐫記完好而冰蝕苔封字跡亦幾不可辨劉君爲邑賢宰去今百餘年其流風善政父老猶有稱述之者余不忍是記之久而磨滅也爰爲補書洞名更泐石於故處而截取碑尾嵌諸洞壁以存其舊且誌余心之嚮往云爾同遊者爲楊大令蕉隱劉前令靄亭沈參軍臨之許君又村鄭君月汀也宜王君柳門龔二尹稼生聶少尉耀南也同治

九年歲次庚午秋七月識弁書

委羽山續志卷之四

黄巖王維翰嘯林輯

題咏

宋

左緯字經臣號委羽居士宋致和中以詩名從祀鄉賢

委羽山

委羽不知何處是倩人扶上木蘭橈欲尋去路花梢密爭認行雲酒浪摇流水忽隨山脚轉洞天疑把杖頭挑逡巡不覺東風晚殆有仙人弄玉簫

王十朋字龜齡樂清人官龍圖閣學士謚忠文著有梅溪集

委羽山

龜峰軟翠日開屏羽客逍遥此閉扃早起留雲閒放鶴夜來伴月靜看經巖前方石有多好竈裏丹砂且是靈應有赤城鸞鳳過一聲長嘯入青冥

樓　鑰字大防號攻媿四明人官資政殿大學士著有攻媿集

黄巖令鄭仁叔索委羽洞詩

君不見王君羽化脱秦厄故山至今名落翮又不見烏程野鶴投氅毛佞臣稱瑞民斯勞何如奉林控鶴登青

霄蕩然委羽登山椒青衣出入洞方杳紫氣氤氳風尚飄令君頗似丁令威鶴馭久去雙鳧歸山川良是人民非一新琳宮還舊規黄山父老歌循良誦君詩句遊雲房更將山石比堅操石碎猶能徹骨方

湯　緒臨海人省試第一博學工詩至元不仕有樵石集

送金碧泉遊委羽山

相看無語別城隈明月松根吟石苔若遇奉林須借鶴早騎秋色過江來

明

陳　基

空明山人歌

丹邱子空明生結髮爲吏於公卿懸河之口縱且橫法家之筆刑與名少年策譽入公府白首全眞歸赤城赤城仙人下青冥手奉寶籙朝紫宸雲爲旂兮霓爲旌留與瓊田惟種玉酌以不死八千春八千春在何許來往東吳復西楚請看珠樹着三花笞鳳鞭龍却輕舉

謝　鐸字鳴治號方石贈禮部尚書謚文肅從祀鄉賢

至委羽山次韻

清寒曾立最高峯蓬海分明在眼中塵刼未窮蝸戰在
路岐何限鶴書通病來尚憶燒丹火老去難乘隂壑風
見說元都回首地桃花開盡菜花空

繆　恭字思敬號守謙太平人著有茅山藏稾

葛仙煉丹處

葛仙當日寄兹山鑪裏丹砂已九還安得長空回鶴馭
爲予指點白雲間

朱　諫字君佐樂清人宏治進士著有蕩南詩集四
　　卷

委羽山

我聞委羽山迢迢臨北極氣接冰天雲陰斷炎方日胡爲落台南俯瞰澄江碧洞門啟扶桑路轉霞城赤想是古仙人縮地弄奇術萬里咫尺間倏忽變南北不然好事者仿髴古形迹命名故相同搜尋到幽僻我願插羽翰凌空恣遊逸千年度一朝遠近如所適世無紫翳翁欲去不可得

夏　言號桂洲

贈空明山人

紫霄峯頭閅石室雲磴巖業緣青冥飛泉一道瀉寒玉

靈巖雨山羅翠屏空明山人天台客山中夙抱煙霞癖
觀海時來鵬翼風泛湖夜觸龍鱗石石龍書院瑤華峯
譚經主人黃長公百年兄弟自師友一時海內簡高風
長公長材已深棲山人猶卧空明洞但願山人早出山
努力共副明時用

何　白字无咎永嘉布衣著有汲古堂集二十八卷行世

委羽山房歌爲林叔度賦

劉根騎驥雲中行游戲元洲過赤城東逢若士卷龜殼
南邀子晉吹鵝笙羽衣忽隨片雲墮此地長留委羽名

委羽山宵何許中有九真開九府靈根出地蟠滄溟寒緑掃空拂天姥巖扃石戶若爲通芝蓋桂旗紛可覩林郎早具度世表十三學道思冲舉師事浮邱稱鶴奴鶴背仙風吹六銖紫房運胞凝丹髓碧柰花開近白榆掉頭不住壺公山鍊藥於焉曾閉關忽向淮南攀桂樹無端長句落人間紫芝之口石迴幽意紅塵亦日愁朱顏笑我朱顏忽已槁對君日暮傷懷抱何人更遇綏嶺桃有客曾餐閬河棗山中人兮歸去來願分片石吾將老

王士性　字恒叔萬歷進士著有五岳遊記廣志繹

黄上仲讀書委羽洞

自挾青藜下洞天鶴歸仙去幾多年津迷谷口無鷄犬石挂苔痕有暝煙海氣遠從瑶島上霞標高與赤城連王孫歲暮歸來晚爲我長吟桂樹篇

曹宗璠號汝珍崇禎時人著有崑禾堂集

余令黄巖日淺悔未登委羽山

長携方石種香蘅未挹仙源聽玉笙酬接自疲蜀相亮征求夢獻楚臣瓊纔尋杖外三山闕悔别封中五岳盟丁令重來人物改空嗁碑石奠尊羹

蔡榮名字去疾號篾凡著有太極註芙蓉亭稿行世

遊委羽經外舅墓

結屋山椒近夜臺百年身後事堪哀穿林孤鳥驚風度出岫寒煙帶雨回瑶草經春依故砌芳階傍水長新苔洞門零落仙人去一樹桃花却自開

應士芳字伯芸號空明子

飲委羽山樵家

笑爾山翁老率眞樵歸清興解留人披雲自爇松枝火對月同烹竹葉春上國衣冠縈網罟中原車馬逐風塵

却輸佳近仙人洞看罷殘棊復採薪

委羽山中

綠樹陰陰覆綠苔琪花爛熳洞門開分明一路通仙窟白日閑雲自去來

應興胥字百祿號椒畦著有椒畦集行世

遊委羽謁故中丞李肅齋公墓

闔名自少小今日拜佳城松作千鏡震池迴一硯清生無慙大有没亦倚空明我愧淳于筆褒徊不忍行

追次章仲寅春官坦齋祖遊委羽韻

騎鶴仙人出洞門青山留得姓名存碑殘蝌蚪含雲影
樹老虯龍拂雨痕曲徑宛然𦊅漢地沿谿何處避秦源
樵夫去後行人少丹火誰堪徹夜論

管爲霖

贈迎鶴鄧子

空明勝地我曾遊鬱鬱松楸是隴頭琪樹影留仙已遠
玉京望斷欲何求家連蓬島銜籌處夢入緱山弄笛秋
知子苦思應有見洞門深鎖翠華流

陳函輝字木叔號小寒山子著有七寒集傳世

寒夜篝燈讀委羽一隱者詩集可鎮朔風穆然志嘆

朔風寒於秋雨夜淩其筆挑燈擁獸鑪靜對幽人帙宿理棲新端造神於靜謐刻彼離落詞素心托遐逸志士雋千古悠然寄霜飇惟有夢中花傲彼長安月皮可相英雄高談時捫蝨燦燦青藜輝流熖寒山室靈氣嘘有道大雅未沈汨服膺嘆君詩不媿作者七

送林生讀書委羽署中

讀書二十年半署傳經席我輩耕硯田無異業浒游三

徑屢就荒一編幾乙獲所賴鮑叔牙阮途問窮睨毋贈
司業錢時裂萊蕪吊吾子上林彥慧通無字萱蘭心友
古人芝簡參祕冊所富者腹笥家徒立四壁避人獨掩
扉玩世嘗岸幘我聞孤山翁妻梅友霞客君得其素心
疎影映虛碧茲行過委羽邀王乃詞伯桐葉與高文竹
花浮大白倒屣論千古疑義相與析前賢式段干而況
共晨夕兼識東牀祖神清衛車璧雅社勵切磋雞窗袪
劈績努力事中原吾道在無射

黃欽標 本名可欽字子御號宸眷臨海人

寄題家上仲委羽山房

括見求志處聞在委羽前進學須心靜連郊得地偏卧龍才不世求鶴語空傳結搆安儒素端居味道元雲松濤撼屋水竹翠連天板屋對巖霧苔垣繚澗煙劍光宵斗射燈影夜虹懸朱子祠隣近黄山代接聯著書今大學遺蹟小樊川通義繩家業周行繼昔賢西清流再衍東海澤常綿廣可同鄒嶧非惟桂樹篇

王克純 字敷明號昇于鄉飲賓雍正間從祀孝友祠

羽山坐雨

兀坐空明地，山深風雨多。天桃雲外落，野鳥暗中歌。溼透方楞石，斜分古徑波。閒吟三兩句，嵐氣四圍過。

羽山喜霽

久雨忽新霽，韶光是處多。風微天籟靜，氣爽道心和。箏厭遊蜂繞，花憐戲蝶過。升沈應有數，莫作遏雲歌。

柯夏卿字玉峴，號遯翁，崇禎十年進士，著有忍冬軒存草

丙申九日李愛廬父母邀飲羽山醉中口占

仙不求名自得名，偶遺一翮惹山精。琪花閒作黄花落，方石閒隨方竹生。洞口雲呼樵共牧，湖邊水送筑和笙

囊覓擬踏疎林月卻怪譙鐘又放聲

委羽山續志卷之五

黃巖王維翰嘯林輯

題咏

國朝上

應璘字豈石號卧園椒旺子有黃巖詩傳因録梅齋卧園諸集行世

委羽名勝近來廢盡次章李諸公倡和以志慨云

物境通靈括海門名山第二洞空存碑容殘斷虛仙跡
鼎淬崚嶒冷石痕貫客青雲忘地王真人丹井失流源
浮屠爭佞荒唐佛歸鶴空中笑鈍根

蔡 礎 號來軒

秋日委羽郎事

步入空明大有天蕭蕭竹樹帶秋煙山童淨掃空林葉

待煮仙家瑞井泉

蔡 灼 字卜言

南郊謁朱子像

孔孟眞傳繼者誰諸儒龎雜賴公持謹嚴綱目千秋筆

解釋經書萬世師面綴七星輝北斗祠鄰五峙映南離

樊川過化風如作陟降瞻依幸在兹

葉　璞

委羽洞

羣仙窟宅五城樓此洞名傳代自周大有鍾聲空聽雨
古壇琪樹不知秋林深見鳥皆疑鶴谷口逢人問姓劉
我亦山中披榭侶玉華電腦好淹留

王　翮　原名克晴字數公號復庵郡庠生

九日值旱偕從遊登委羽

衆山崔巍羽山低控鶴名山山莫齊覽勝不知風落帽
登臨那得水平臍回琴點瑟悠然趣萸酒菊花倏雨迷

策馬歸來憑吊古九峰秋月兩堪題

朱國權字平物

秋行委羽

芒屩踏幽徑秋懷恰放歌谿深流水靜樹密晚風多野叟披雲立山僧採藥過蒹葭餘白露長嘯出巖阿

蔡攝號蒙溪

仙源夜月

欲向山靈乞仙訣仙源有路蒼苔滑空明回首暮煙深不見仙人見明月

葉光煉號易亭著有繪雪齋集

遊委羽山時空心上人在座

仙蹤何處覓勝有此丹邱鶴去雲猶在臺空水自流松聲天籟發草色暮煙收喜有高吟者春風不負遊

曾　淑字芸莊江西新城人庚戌進士雍正間令

遊委羽

借得松醪洗結腸坐看翠影弄晴光碧梧葉落秋山冷丹井泉流玉洞香誰錫嘉名由控鶴恍疑修竹又成凰披襟欲暢茲遊興簿領催人判牒忙

柯映蓼字棠木號怡園癸卯舉人著有朱子駐節録三卷文公分年紀畧一卷

寒食掃委羽山祖墓

山評僅讓冠軍名世世因之築墓塋魚豕雖慙祭以士松楸猶喜剩於兵白無片羽劉仙蹟紅有多花謝豹生雨露沾濡剛一拜一年寒食最關情

剪紙爲錢挂薜蘿磚顏猶認大夫柯傳來子姓工商少數去兒童四十多青色粉團風俗餅烏絲小売海山螺春醪並進凄然感馬鬣焚黄事若何

趙嘉有號介仙結社息林

九日遊委羽山

九日窮途客登臨委羽山但聞蟬蛻去不見鶴飛還野菊東西採寒藤上下攀白雲迷望眼何處是鄉關

應振聲號楓巖與肖孫晚號超然子著有逍遥廬集四卷行世

同蔡蒙溪尋來鶴亭故址

攀松附柏上山巔鶴去亭荒不計年破瓦已無今日地積垣應識舊時仙那從度世求金鼎何處浮江見鐵船我正繼修山乘事閒臨廢址一愀然

盧祉字繁介邑丞

委羽山小酌

空明山境耐幽探淨拂衣塵入翠嵐來鶴亭前雲上下藏經穴畔路東南碑殘古字無人記仙去遺踪有客譚飲罷杏醪卧石室松風滿耳夢初酣

阮文焯 字朝聖號思輝

控鶴引

洞中大藥熟松下鶴翅輕昂昂頡頏趾騎之遊太清仙子去瞬息時代已變更鑪灰方化石何日歸翠旌惟留片羽白兹山千載名

王　謙字六可號牧堂以拔貢授嚴州分水學教諭

遊委羽

亦復似何奇赫然交口推乃知名隱顯不在勢崇卑方
石憑人覓仙風向我吹沿崖尋舊跡洞口白雲迷

齊召南號息園一號次風天台人官少宗伯

葵圃以委羽山方石見貽因次原韻二律奉答

控鶴名傳百尺巔采珍人趁雨餘天攜來貴比瓊瑤贈
看去工嗤琬琰鐫作作有芒真得正稜稜中矩豈徵圓
削成拳石尊西嶽遊目誰居霄漢邊

鉅細齊煩妙手礱堅貞一様隱泥中尋時守口如瓶靜得處因心有路通康樂咏詩仙不見桃谿稱號德堪同拜君喬惠施鍼砭醫俗良方貯藥籠

王譙字學周號琥韓樓著有潄石吟四卷掛杖弄譙卷東施顰三卷水鏡新書婁尾集八卷

大有宮瞻劉奉林遺像

几坐蒼茫大有宮守眞面目俗塵空淸如鶴舞雲間月瘦似梅飄雪裏風塵影拂開山障溼香煙銷盡夕陽紅幾回載酒尋遺跡醉臥當年丹汞中

春夜宿委羽書堂

淑氣氤氳大有天萍蹤偶寄帶愁眠寒添薄絮飛雲襲風閃殘燈夜雨綿夢摘春桃紅映面慵觀宿草翠含煙假饒覓得丹砂訣不羡當年跨鶴仙

袁　枚字簡齋

黄巖阻雨居停潘秀才拉遊城外委羽山

道書第二洞云是委羽山及予冒雨往其小如彈丸朱子曾讀書地或以人傳道人獻丹石狀若骰子然鐵色精且堅足抵青琅玕想見井公博鏇琤鳴金盤我將攜此具招同玉女看

辛天植號亩三著有亩三漫稿

九日登委羽山

登高攜酒入俱依鶴去寒松石自飛洞古煙封秋色淡
磚殘苔鎖翠痕肥琪花寂寂棲鴻雁丹井盈盈長赤葳
欲向此中尋舊侶白雲滿地掩清暉

訪空明道人不遇

迢迢何處尋仙跡洞裏煙霞鎖薜蘿一枕驚回黃鶴夢
千年坐破白雲窩山中方石留丹火井上琪花滿玉柯
轉過仙人讀書處滿庭明月落花多

王詩 字學詩號駒一歲貢生著有槐庭雜俎金鳴集蝌鳴文藁

贈道士王友鶴卜居委羽

誅茅結屋紫峰尖山靄蒼蒼獲短簷翠柏叢中開鄭谷緑楊陰裏住陶潛春晴採藥雲侵袂夜靜鳴琴月透簾一曲高歌尊酒後草窗高枕夢魂恬

秋日委羽山 集句

長歌登寶地岑參 石徑拂莓苔杜甫 雁引愁心去韓翃 人占仙氣來李益 蟬聲集古寺太宗 菊蕊散花臺錢起 日暮香林下儲光羲 遊禽幾處回劉長卿

寄阮篤庵設帳委羽山文獻書院

白眼猖狂西晉客詞壇新築傍山隈奇書讀罷穿松徑險韻敲成課酒杯雨急深林鳩婦鬧風香古洞鼠姑開一天清趣憑君受我欲乎分躡屐來

陳錫洛 字紼禹號思渠天台人

委羽秋夜聯句

仄徑披蘿入言遊古洞天陳錫洛 松聲清瀉澗竹韻冷驚蟬王澧 琴鶴雲中影霞煙物外仙張景山 請看名利子何處得眞詮管加華

控鶴自何年遥傳委羽仙琪花迷古徑丹井溢流泉鳥喚琴中韻人遊洞裏天夕陽歌一曲逸興轉悠然

林　彪 號鬱之字伯寅

劉奉林控鶴

九轉神丹就飄飄鶴駕騫纔驚辭樹杪忽見出峰巔背穩和風細身輕覺御便霞蒸芒履溼雲舞縞衣翩一點明旋滅数聲杳不傳逍遥珠闕畔縹渺玉樓前好結吹笙伴空期化影旋只今留片羽洞口鎖寒煙

馮賡雪 字芝田臨海人

和大有洞天二元韻四首錄一

千年古洞塞蕪葵，仙境茫茫孰作媒。鶴影隨風歸翠水，笙聲吹月隔瑤臺。青童祕字人難入，黃帝藏書古未開。誰向名山題絕壁，蘭柯有客抱琴來。

王祖澤字芑謀，號香岑，本姓陳，臨海人

遊委羽山

古洞皆巖棲，茲山等陶穴。旋螺屈曲深，吞吐風與月。道是第二天，大有空明揭。孤峰翠色蟠，兩水紅塵截。奉林既聯舉，雲鬢復成列。往往戲人閒，靚粧清夜接。居民相驚怪累土封石泉今雖稍開闢豈是囊高潔羽鶴不可尋仙蹤猶未滅山既方石細碧玉稜稜結人傳仙靈護取者戒言說廢觀倚荒郊歲久無斷碣詩成何處題書向春林葉

王灃芷

羽山閘

洞口常聞控鶴過一灣碧水影婆娑香泉講學思王阜指水盟心湛若波

周宗旦 江南人乾隆間以侍衛任右營遊擊

過委羽

委羽名聞昔於今始一探雲深封古洞樹密鎖朝嵐丹鼎人誰覓元機我欲參匆匆行役去likely

胡士圻號南村吳江人乾隆間令有政聲

過委羽

粽鞋千丁度空明無限風光眼底生雞犬都如雲外物鼓鍾不似世間鬧乍來便可忘年月久坐還教淡利名望去蓬萊應不遠幾時乘鶴上瑤京

楊廷芳字槐友鑲白旗漢軍辛酉舉人邑令

委羽洞納涼

嵐光飛翠入空明，石屋凉生暑氣清。公退日斜新浴後，來尋羽客說黃庭。

熊登朝 號湘潭

重開第二洞天普咏

古洞蒼苔没草萊，探奇到此若爲媒。峯頭鶴去餘丹竈，谷口雲封剩藥臺。不負名山還獨往，恰逢仙吏喜重開。而今細與春風約，料理煙霞我又來。

童芸

來鶴亭

海天遼闊景冥冥無數峰巒插遠青四望曾無鶴來影

萬松高護羽山亭

應湖穎字眉山號蘇苑楓巖子著有蘇苑詩鈔寓遊集

春日偕徐溶川趙南韶項再庭遊委羽

一路尋仙跡行蹤到羽山白雲迷洞口流水入人間鶴

去遺風翮真成見大還長生如有藥願得駐衰顏

委羽十二景

丹鑪方石

我聞方石奇撥雲過崖壑始信丹有靈洗代及山硐

琪樹垂珠

誰將崑崚姿移植仙源坻覆以六銖衣星光燦玉李

洞口朝霞

底通滄海泉口吞扶桑日吐出五色煙滿地晴光溼

大有晨鍾

傳來宋室鍾懸對空明洞肯催妃嬪粧令破仙人夢

淇園避暑

火輪炙焦土汗溼蒲葵扇清蔭入修篁咫尺炎涼變

鳳竹鳴鸞

仙人返玉京滿山遺鳳尾忽聞簫管聲知有黄鶴在

仙源夜月

寂寂眾竅音朗朗孤蟾色策杖過林皋梯絶取未得

秋江暮帆

小艇盪煙波斜陽挂片席渡口忽聞歌漁燈滿蘆荻

鯉巖晚釣

潮落尚見巖鱗頳未見鯉可知持釣人不是司馬氏

鶴亭古梅

仙去鶴不來鶴去亭猶在試問古梅花幾歷滄桑改

樵居積雪

崖際斷雲根煮茗嘗清味幾日掩荆扉學得袁安睡

丹井占天

穴水溉靈苗淺小味香冽也自寓元機雨晴此中洩

張喬林字卓峰歲貢生著有松窗雜詠

委羽春望

躡屐來遊委羽山碧崖丹璋任追攀淡煙蘿薜鶯初語夜月松杉鶴未還幾處牛眠芳草地數家犬吠白雲間

斷碑三尺模糊甚人立斜陽剔蘚斑

王　𢢲　字平甫四川漢州人壬申舉人乾隆間令

委羽尋仙　丹崖八詠之一

空明大有天仙人昔遐舉至今龜玆山猶自稱委羽何處訪遺蹤林深或愁虎

方石仙蹤　丹崖八景之一

委羽丹鑪閟不開洞天寒汞沒秋苔徒傳山骨非黃白誰識蓬壺到草萊雨過沙痕時一遇松翻鶴影想重來滄桑若問神仙事也共方巖閱劫灰

臧敬號雉山歸安人丙辰舉人乾隆間教諭

遊羽山漫賦

眞人遺跡説姬周探訪仙山石徑幽古洞邃深峰面面
塵蹤擺脱道頭頭鶴來鶴去亭猶在丹轉丹成井尚留
欲聽樵聲何處出遂思高步向瀛洲

章逢泉

羽山關

委羽有洞天山泉篆必達仙人控鶴來一片水禾插

阮培元字廷才號篤庵己卯舉人

遊委羽

委羽仙人居委迤林壑美自來展齒稀破屋臥高士使君神仙流山作蓬萊擬披剔出丹房飛穚映稽水新秋挈伴行奇蹤探原委緣徑採黃精隨風拾松子野鳥鳴啾啾巖花亦玼玼想見洞中人幽意沁肌髓昔欲遊九垓豪吟詩綺靡汗漫空與期十載羈行止玆來寫我心相與談圭旨長嘯弄白雲促歸興未已蒼蒼暮山佳月到兩崖裏

翁開緒

方石

不勞繩削與磨礲面面崚嶒乳竇中任在泥塗長勁正肯隨流俗學圓通劚雲搜出精英見滿袖攜來骨節同何獨青州堪作貢摩挲擬貯碧紗籠

徐嚴英 字伯越邑庠生

方石

福地產奇英異石藏雲竇勁角本天成稜稜世罕覯淵若玉斲成燦若金始鏤雨濯紫雲浮煙鎖寒光透地象誠大哉斯石何雜糅方折媿圓流合矩矧多又想見蒼

翠閣珠珍羅巖岫盤磴探幽奇磊落形長瘦山頭拾未盡悠然方澗漱白鶴控遠天地靈常如舊拂拭出泥沙似覺刓始就至今倦遊人空明攜滿袖

陳官尭號拙齋

秋日登來鶴亭集唐句

亭高出鳥外巖石衣新苔遠水見天淨孤雲帶雁來名香連竹徑幽梵靜花臺歸路南橋望遥從樹杪回

鄭修德

委羽壽仙　調寄臨江仙

縹渺煙雲浮翠壑凝眸鬱鬱蔥蔥仙人臺榭畫圖中蓬萊知不遠閬苑望應同　欲覓丹鑪無舊跡惟傳鶴駕凌空千秋寂寞賸荒叢階前芳草綠洞口夕陽紅

周承硯 字子端號蘭谷著有蘭谷詩草

至委羽山訪友

出郭尋君日已晡酒樽旋刻不須沽禽聲滿耳眞絃管山色盈眸美畫圖天際鶴翎猶委否洞中仙子得逢無更知此地饒方石試共緘雲贈與吾

山近南郊郡最靈洞天第二舊傳經而今谷口留仙跡

當日雲衢墮鶴翎繞徑竹梅風冷淡堆盤蔬菓味馨

偶來曠覽幽棲境恍若浮生一夢醒

委羽山與曹桂林方石聯句

迴異他山石蘭谷形方細復輕擬珠還有角桂林比玉

郤殊瑩不假磨礱就蘭谷憑將鍛鍊成丹砂如化此桂

林煑服可長生蘭

王　爵字近肅號楚雲牧堂子

遊委羽

尋眞偶爾愛茲山一卷南華晝掩關爲覷空明騰鶴背

誰知姓氏落塵寰崖巔夜靜經聲遠樹杪秋高月影閒
眼見蓬萊非海外鹿蕉夢破郎仙班

蔡紹南 字守幹號瀟石

羽山紀勝

委羽留仙跡懸崖作好山鶴飛蒼靄外琴奏玉沙間瑤
草含煙綠琪花類石斑孤峰明月襯滿地白雲閒暑到
泉猶冷春深洞倍殷掃苔披錦席拄笏倚松關境闢紅
塵隔亭空翠影環溪頭聞吠犬不見櫓聲還

張鴻圖 字昌基號蘧河邑諸生

遊委羽

我來羽山下仙蹤拂石看仰首碧雲裏鶴背瑶碧彈一彈起天風再彈翔紫鸞三彈我欲舞換骨無金丹雲中顧我笑千秋藥鼎寒〻采芝之復采石歸學仙家餐

韓修絃 號元同著有天山樓詩集

和林處士九日委羽登高元韻

天爲空明闢草萊玉京劉阮盡輿臺千尋風穴三秋迴萬古煙霄一羽回雪調翻成流徵曲霜籬擢老菊花才丹楓醉哂行吟客青眼猶爲獨醒開

韓修組 號櫟庭著有斅古軒詩集

大有洞天歌

天台百里入海邊大有之洞何巍然奇巖秀壁青如黛竹樹鬱勃生秋煙間有劉道人兀坐洞中修天真藥煮蟾烏烹龍虎道成二八符月輪三載朝元九年面壁去然青天下霹靂別君去兮遊玉都高鞭鐵杖吹鐵笛鶴飛鐵羽隨鏗然一聲璃花朶此羽落在洞門前洞門晃耀生仙果聞說此洞通海源蛟龍吐氣潮聲喧藏以金狗守以青猿石屏開扇分兩垣仙都千古傳神異何人

恍惚探幽元恭林去後經十載後有芳範遥相配委羽山前燒金丹道成步月鳴瑶佩美哉三眞君瑶宫紫府持赤文此地名勝傳千古大有之洞何氤氲我來選勝訪靈窟古樹蒼茫山突兀仙家無路洞門深誰向迷津渡寶筏寶筏杳兮江峄青馮夷擊鼓舞湘靈水晶宫闕望無極覺岸何處雲溟溟君不見黄帝得道日龍鬚千尺横空出宫人臣子俱飛昇雲中雞犬成靈質仙兮仙兮豈渺茫驂鸞跨鶴本尋常大有洞前歌聲發笑觀塵世之滄桑

方石

委羽尋名勝巖巖石自方端莊合矩度嚴厲如珪璋一點未盈掬四圍自有芒從規非所願秉質獨堅光

牟鑄 字尚輝號愚趣

方石

拾向空明最上崗形符地象質含剛一身長抱此圭角百碎甯能改正方光露沙中如礦礫稜寒袖裏等錐囊郡羞怪石姿奇詭早並瑤琨上廟堂

盧廷幹 號枬林

遊委羽和阮篤庵韻

道經紀洞天委羽最稱美仙人去不歸希蹤有高士閬苑擅奇兹山良可擬丹鼎白雲封琪花映緑水我來值深秋松梢露珠委招邀素心人山厨飯石子剔蘚捫殘碑嵐翠弄鮮玼結構近尤佳舊痕補獨髓漫悵鶴駕遥豈知駒景靡清幽足討探高歌行且止茗供獻山童味此仙泉旨遊興正豪胥歸途吟未已晚鐘三兩聲遥

送斜陽裏

王再沂字棨志號艾山

冬日同王駒一林馨之阮篤菴遊委羽山

神仙幾度寄遊蹤今日行行雪徑封香繞洞前梅剪綻陰聯庭畔竹枝籠千年鶴影沈丹龕百尺翬飛倚碧峰斷碣模糊尋古篆怪巖凹凸洗新容坐來石屋鬚眉冷煮出溪泉色味濃淨几經攤披霧讀暮山藥採帶雲舂含杯長嘯空明地得句狂敲大有宮草草言旋情不盡春風相約再扶筇

失名

同人遊委羽山郎用程春廬韻

委羽山續志卷之六

黄巖王維翰嘯林輯

題咏

黄河清號潤川臨海人壬辰進士著有樸學堂詩鈔

道經羽山恭謁朱文公祠

紫陽崛起會貞元弟子從遊擬孔門僞學網空宋社屋著書基在羽山郵館規鹿洞應均肅講席鵝湖豈並尊五趙三林傳嫡派無窮東海共流恩

及門納方石數十枚用齊宗伯答徐癸圃以委羽

山方石見詒原韻

徒聞隧翮在層巔，異石猶遺大有天。方外對人眞磊落，壺中縮地絕磨鐫。古心自寶何容鑿，觚象相親肖化圓。黄卝怪迂無足論，愛茲文理徹中邊。

神宮密石破新礲，恰稱巾箱什籍中。丹藥圭分窮和煮，玉泉矩泄憑潛通。井文碎畫參相得，竹杖規圓變不同。爲想采珍人自詑，羽山已向袖閒籠。

戚學標 字翰芳，號寉泉，太平進士

遊委羽山集杜

福地語眞傳頻遊任履穿喜無多屋宇難見此山川雨
洗平沙淨巖拼古樹圓方期拾瑤草桂館或求仙

宋世犖 號确山臨海人戊申舉人陜西扶風縣知縣

望委羽山

秋宇迎晔爽晴嵐撲面來仙人居髣髴老鶴影徘徊石
細遺丹冷雲横古洞開道書標第一誰是御風才
我亦餐霞客瓏瓏識洞天好山迎馬首覓句聳鳶肩雲
笈迷千帙飢軀近廿年何當遺世躭長枕白雲眠

王來宜 字嘉行一字純敬號東屏郡庠生

委羽山懷古

小亭一角莽榛蕪鶴影蹁躚望有無添種梅花三百樹孤山應自勝林逋來鶴亭

小山招隱果誰傳住近仙家卜築幽樵唱一聲新月上白雲黃葉放山秋古樵居

羅列芸編富五車宋儒道學竟傳家臨風憑弔先生宅碎瓦頹垣噪暮鴉二徐宅

王于宣字嘉德號南屏戊申舉人以國子學録終著有怡雲軒詩存北遊草遼水吟藏於家

委羽山展墓有感而作

幾年京洛悔勾留襆被歸來無限愁花落鳥啼春寂寂
碧山寒月照松楸
禁煙時節易銷魂短碣蒼涼壁墓門一路山花啼杜宇
歸來細雨又黄昏

蔣履號鯉山臨海人以副貢登順天鄉榜

重九後一日偕諸同學遊委羽山歸而有作

我家面憤峰我耳熟委羽壯歲未果遊老至始快覩出
郭五六里秋原何膴膴一徑趨仙宮喜無多屋宇曰第
二洞天仙根頗撑拄丹井與藥房遺跡從指數座上劉

眞人實維玆洞祖礀泉學琴聲雲衣松遲鶴舞羽化繁有
徒於世竟何補小山有幽趣元關隔城府郵落襟帶間
是亦景所聚昨避題糕會今與同志伍野色侵衣巾嵐
光泛庭戶葉末委荷池花纔苞菊圃摩娑梁上鍾大音
不敢鼓吟諷壁閒詩雅調亦可譜凭几聽雄談揚眉酌
清酤眺遠天在山視蔭日移午晚風涼鬢絲淸月爛堂
廡豪興愬諸君佳遊聊記取

林松圃

委羽登高

木落天空夕霽開樂遊紀勝晚停盃調憐白雪憑誰和
醉發狂吟莫我哀寒色井梧移影瘦暗風山菊送香來
坐愁不惑人將老空向山邊老郄才
委羽山頭待鶴回黃花滿地白雲堆華顛遺韻曾飛白
竹徑微風怕落梅萸佩參差聯袂坐糕筵潦倒任情開
二毛不敢闘秋興裙屐摧殘得得來
尋遊此地即蓬萊流遯何須誇楚臺一醉人從彭澤後
三秋客望合威回棲遲京口長噫彥牢落龍山出世才
藍水玉峰儘日興咏歸杯斝喜重開

王搢珽字近玠號蜀屏又號松圃韓樓四子邑庠生

羽山洞口桃花

絳衣披拂逞新橋映面臨風滿院飄薄染胭脂欺杏臉
長驅錦浪護霜條琪花向日分千笑蘿薜爭春共一瓢
說道天台仙去後抛殘幾朶識紅綃

王者香字近珮號蘭皐韓樓少子

遊委羽山

雅愛委羽山舊傳仙人跡洞口有琪花亭前橫蒼柏煙
合薜蘿青雨霽峰巒碧造物特鍾靈削出稜稜石載酒

欲登山草沒謝公屐舉目看大荒白雲封斷壁迴首羨
崢嶸千巖嵐氣積悠然會予心猶疑在咫尺

羽山春夜偶吟

彳亍有餘興行吟過竹扉瘦煙臨樹合纖月照花微水
靜鷗情樂山空鶴夢歸迢迢良夜永不覺露沾衣

羽山秋夜寄周耕壘

皓月上高峰登天見九重半窗花影淡一徑石苔濃竹
老添幽韻山清減翠容寒砧驚夢斷江上起潛龍
空明融一片處處遞清寒雲淨天開碧霜欺葉舞丹林

端山果落枕上角聲酸唯有東籬菊秋風不敢干

於文明號肇治

遊委羽山

爲訪仙家境行行到翠岑水涌青嶂碧洞鎖白雲深丹井依然在鑪砂何處尋亭邊餘斷碣拂蘚看沈吟

張　灝字冕華號曲江工丹青

方石歌

委羽山何歷晟仙人一去不復返丹灰化石良恢奇不事磨礲出圭角分削一律無參差零星散佈雜犖确不

許人力爭相持豈是女媧補天之所墮抑是牛渚支機之所遺神刓鬼劃不可辨歷録如布帝臺碁既非霹靂碪亦匪芙蓉渚落落獨含堅潤姿得毋白石洞中煮所賸員嶠蛰雲斂然凝此時一笑逢方瞳相視莫逆弗洒同何當挈伴歸方丈芝草琅玕日共長硬飯他時尚有緣折腳鐺邊庶一餉

於登聯 字爲環號步二歲貢生

委山郎景

柳暗花明曲徑連薜蘿深處鎖寒煙軟紅不到山中夢

虛白能生洞裏天月影高松留舞鶴風聲急澗奏鳴絃

我來欲問燒丹事古井長留洗藥泉

丹崖紫氣入青妍占盡風光別有天滿院琪花紅作錦

一溪瑤草綠如煙藥鑪火冷青霄月茶鼎香分碧沼泉

坐對白雲吟望久蒼松百尺不知年

王鳳鳴字絲如號苞九天台諸生著有郵居詩集六卷

遊委羽山

卅六洞天競標異大有空明居第二試披鶴氅攜短筇

閒訪奉林輕舉地道院深藏竹樹稠琪花瑤草無春秋

吟罷門掩綠蘿句徑盤之字更通幽古洞峆岈苔蘚溼
曾有羽人篝火入數日乃聞柔櫓聲𡻕知道脈通呼吸
洞前方石饒璃瑰五雲靈岫繁花開煙霞萬壑羅丹室
修翮仙鶴盍重來

牟景皋號賡颺著有聞雲集

遊委羽山

仙境從知冠古今尋幽迴到白雲心苔痕滿地思靈運
鶴背無人憶奉林洞口留雲看午寂桃花帶雨泣春深
猶疑遺翮臨風墮坐對亭前憩綠陰

孫殿階字純沂號梅溪邑庠生

偕同人遊委羽山

城隅南望郎仙山幽處深藏屋數間不是紅塵都熱惱

安知石洞獨清閒千年鶴自淩霄去一徑苔仍帶雨斑

記得同人酬唱日吟鞋踏徧翠微灣

蔡學洙字孔派號杏邨

謁如吟長讀書委羽仙觀口占一律奉贈

西南曠隔一重城七字何曾厭寄聲老馬徒悲增馬齒

秋鵬準擬趁鵬程扶摇羊角雲霄勢飄泊龍鍾旅客情

獨占仙山修慧業丹鑪九轉煉丹成
珍重分陰憶姓陶雄才況復是王褒一枝椽筆垂秋露
三峽詞源湧海濤硯北巴人賡里曲山南名士續離騷
洞簫何媿淩雲賦萬選青錢若箇操

鄭玉階字敦謹號旭洲邑庠生

周耕墨約遊委羽不果郎用其小飲憑虛亭元韻
無緣得共訪清幽聊借君詩當卧遊落落衙齋清似水
蕭蕭客思淡於秋雲移樹影穿疎牖風送溪聲入小樓
坐久垂簾忘永晝涼飈吹雨到窗休

周省三號耕墨著有丹亭詩鈔

和蔡慕桃偕友春遊委羽山

一重天洞號名山山冷亭空鶴不還瑶草琪花横碧落石牀丹竈老人間春光媚處聊行樂酒琖擎時未放閒郤笑秦王求道術徒勞海外覓仙寰

王映青字載澳號蔽苑

和友人羽山避暑原韻

羽客何年賸此山招涼人入翠微間仙其去也洞彌古鶴不歸兮亭自閒岫色鱗堆螺黛溼丹泉乳滴縠紋斑

夕陽一片沿途穩，點點沙鷗浴水灣。

江登桂 號秋巖，吴門人

和周耕墨偕友人避暑九峰越十日小飲羅崖亭元韻

芒鞋筇杖好尋幽，九點青煙誤岱遊。瀟灑不因人共熱，飄零唯有客先秋。一聲清磬消殘暑，幾樹綠陰護小樓。門外炎蒸咫尺近，更從何處覓歸休。

一架危亭四面山，相攜又到薜蘿閒。酒傾河朔詩腸潤，鶴去元都仙洞閉。蒼狗雲生紅日顯，烏絨花落綠苔斑。

漫尋歸路敲新句已過河橋第幾灣

林聞鶴字于九號薴園甲戌進士授河南令

重陽後三日偕友人遊委羽山

選地追遊出自南翠微隱隱結雲庵七賢招我偏成八
九日期君已隔三菊洞尚留新釀緑玉峰猶瀉碧波蔚
高人跡罕塵氛晚取次斟杯酒半酣
洞天寂寂勝終南滿徑雲飛鎖古庵無復仙花開七七
好聽玉笛弄三三暮山舞葉煙凝紫遠岸翻波水皺藍
景淨休嫌良會晚斜風吹帽興酣酣

王映玉字章達號棐山己酉舉人從祀鄉賢

遊委羽二律

夙羨名山勝於今攝屐尋有緣來福地無俗便清心臭訝風光寂時聞松竹音披襟凌石磴爽籟引長吟

欲領空明趣攜筇上翠岑亭空山色入洞古蘚痕深丹石尚堪覓仙蹤何處尋惟餘松滿徑披拂助長吟

周曉園著有石坪八景詩箋

同人遊委羽

爲訪空明踏小山重重雲樹隔元關欲尋藥鼎燒丹訣

仙子何年控鶴還

王沛霖字培章號雨林著有樂彼園詩草女瓚兒亦工詩

九日家籛苑招遊羽山不果

名山自昔重仙蹤古洞空明積翠重延壽剛逢黄菊節登高誰啟白雲封三秋風日供長嘯萬古煙霞策短筇極目遥天望元鶴登臨人在最高峰

張　平號六星著有飛逸樓槀梓存

委羽鶴

野鴉勿啞啞山鷄毋喔喔委羽龍鱗松舊有幽棲鶴自

言神仙姿生成矜羽翮豹隱依山林雖步殊飲啄毛羽既已豐煙塵非所託時欲駕蓬萊舉翅凌鷗鷺豈謂老棘荊思飢充藜藿避逅卯金仙丹書傳碧落嘹唳感知音努力巢瑤閣

來鶴亭故址

三千弱水蓬萊遠咫尺金仙窟宅尊來鶴邛墟一懷古西風午院莽山林

釋毓金 別號古堂子著有禪餘集四卷王映青序

委羽山

嶺樹蒼茫空翠環薜蘿深處境幽閒昔年仙鶴曾遺翮

今日林煙自護關蓬島雞仍鳴曉日雲間犬正吠春山

洞門幾許桃花落染得苔磯數點斑

朱　聯字鍍鈁號楓坡郡庠生著有楓坡詩草

丁丑九日偕遊委羽用林錕先生韻

拾得丹砂勝西風幾陣涼逼來溪雨急流出野花香琴

寂仙隨去亭稍蹟未荒鼓鍾何所樂徙倚共思量

谷靜飛泉暗山低落日遲霽林光處處風竹韻時時石

細方而古莖紅採正宜瑯璟無大守應把道心扱

秋經委羽

駐杖神仙界山空落葉深孤雲疑白鶴流水譜鳴琴洞口惟聞蟀松釵不語禽奉林何處去景物任長吟

蔡人麟號少海廪膳生著有然藜閣詩文集天香樓纂山海經類纂

出獄宿委羽山房

尊酒暫消愁茫茫此地留江風吹躑躅山月叫鵂鶹忠孝生平志天人滿目憂宵分參道意頓欲謝浮休

極目無家歎英雄有淚痕多情纏到死大道渺難存夜靜心還亂書忘志欲昏不知眞宰意窮餓憶王孫

謁朱文公祠

聽訟何年至春風滿草堂門高山石秀院古野花香道學名猶隘詩書味自長回頭瞻泰岱斜日正蒼茫

黃　濬 號壺舟太平人晚號西素老人壬午進士江西彭澤令

憶遊委羽

我聞天下名山三十六洞天不意第二洞天乃在赤嶠之南東仙源劉仙乘鶴墮一翮遂爾蔥鬱成林樊天台四萬八千丈仙佛之蹤數無軼劉晨阮肇不復來紫陽奇跡成孤往況茲委羽僅一山山在城南五里間蒼[illegible]

靈氣雖有在巳難究兀離塵寰雖近塵寰有靈氣青林
碧樹眞蔥蔚中間空明大有古洞天別藏靈藥饒仙卉
我昔過館停棨華書城爲壁塵爲家偶來青山訪古蹟
乃見世外之煙霞山中道士皆修養趙陽章老尤蕭爽
從容對客各無言赤水元珠歸罔象道人引我山之脊
攀草披煙覓方石石形爲矩不爲規坦豆如麻色深碧
道人引我古洞口洞口丸丸僅如斗青衣童子對香鑪
云是桐君長坐守我有青華古祕書兀闕一簽包空虛
青華老人傳與鶴臞子我爲雕梓藏吾廬因忘古人著

書留名山況此道祕非等閒我欲竊倣古人意慨付此

板歸仙關殷勤囑語趙陽老愼寶此書勿草草歸來閣

阻十餘霜尚不忘情長在抱嗟余老矣歸無時此生長

與山靈辭清宵明月斷飛蹻空有魂夢縈巖扉

牟正鵠字仁射號朴臣戊子舉人

遊委羽山洞

採藥名山不記年洞前小酌讀殘編醉來一覺遊仙夢

身在空明第一天

牟　濬字時文號栢峰庚午舉人著有耕讀堂詩草行世

偕孫翠池明府同諸幕友遊委羽山作

青溪于仍餘道士安可招委羽近咫尺曷弗恣遊遨明府敬愛客賓從皆賢豪良晨展新興選勝神亦超攜手出南郭步屧隨山樵靈祠倏在眼羽客羣招邀既酌山中酒縱談舌不橋我聞空明洞下通東海潮其傍座方石仙蹤資和調又聞右仙人控鶴墜一毛茲事竟千載流傳喧兒曹遂令培塿地名同三島標我願勗良宰勤政追國僑無爲慕冲舉夢想容爲凋歸途情不盡獻言代風謠

應　崐號玉山著有㕭蕉集

委羽吟

君不見鼎湖之水清且瀏胡髯墮地烏烏愁又不見鸞笙聲捲碧雲去年年落月緱山秋玉清真人下台極摶結元氣成丹丘平生嗜奇入骨髓蠟屐好入名山遊咫尺煙霞恨明滅況復八極窮冥搜空山落花風影莫蘿陰冥冥風颼颼稍憶元都琴酒趣松影夾路紅泉流幽徊入古洞古洞閒以幽昔人控鶴之處不可見但見空亭脅風竄古瓦又見寒林翠鳥合沓鳴啾啾仙乎仙乎

爾尙逍遥滄溟九萬之長風不然徜徉崐閬十二之層
樓今古茫茫弔陳迹高歌一曲歸來不吁嗟哉橘邊有
黃石關中度靑牛但得遺虛脫塵想風塵何地非瀛洲
又何必溯兹山之自古亘今其時則周其人則劉大有空
明本何有白雲千載長悠悠

發羽方石歌

我本謫仙人來尋仙人家仙人赤松子煮石餐紫霞紫
霞飄空白鶴舉大地駁落無丹砂何時媧皇遺此補天
五色之土精蒼松翠柏寒山阿祖龍揮鞭不到海精衛

豚粒空咨嗟千年靈氣絶煙火芒角乃與星辰磨稜稜
百碎自纏畫屹屹四面平傾頗春寒落花糝幽徑珠璣
錯落珊瑚柯又見環溪玉水作方折非雕非琢非切磋
仙人一粒貯世界焉知此中不有大千九萬恒河沙石
乎石乎吾將遨遊於穀城之北華山之阿七十二峰不
可以經度大風颯颯生迴波收拾須彌納芥子攜君歸
去寶之拾襲相摩挲

曾　截字鳴岡號泝沂副貢生著有芥園詩鈔一卷

遊委羽山

獨攜成雙屐來遊第一天我心愛寥寂不分覓神仙古洞沒青草暮山生紫煙回頭聽城郭擾擾正喧闐

厲　志字心甫定海人著有白華山人詩集十七卷

遊委羽洞

紫溪仙館望冥冥貞桂長松列晝屏秋老苔荒無鶴羽天陰洞黑有龍腥道人已去留丹灶行客還來採茯苓我自攜尊拚酩酊不將幽討問真經

鄒振鳳原名鵬號于翼錢唐人乙未舉人國子監監丞前本學諭

壬寅上巳後二日童梅臣姜册言潘省堂林墨園

王吉人諸茂才招遊委羽山謁奉林先生遺像

攜樽暢飲終日忘疲即席口占以誌佳會

匏繫蒼溪已半年宦遊未滌俗塵緣偶然到此尋仙境

洞古林深別有天

聯袂登臨興最豪先生遺跡並山高不知跨鶴歸何處

留得雲霄一羽毛

鄭會南字鍾和號五峰著有隱雲樓詩草

委羽山行

從來不識委羽山但見藤蘿古木相與環仙眞一去不

復返僅遺一羽落塵寰我向山巔覓方石蕭蕭紅葉沿途積東來紫氣滿函關化作片雲頭上白蓬壺高鎖不知年古洞深深別有天大有空明推第一不在山兮只在仙黃衣羽客風度翩策杖挑雲復連元像莊嚴宮殿古丹鑪日日飛雲煙君不見琪花瑤草兩階間道人賣藥海上還蓬萊仙島郎在此何必祖龍鞭石入海求神山

王九疇字章元號洛東歲貢生

偕友人遊委羽洞天

出郭逾三里亭亭簇翠鬟古人遺古迹名士愛名山洞口碧雲合門前綠水環一聲清磬靜名利不如閒

仙人跨鶴去招鶴不歸來苔蝕丹砂隱花遲鐵樹開攀逢閬苑客共泛紫霞盃還問三生石因緣笑語陪

茅　湘字曉生紹興人署邑教諭

遊委羽洞偕王小林拾方石數枚而歸

方石神仙窟探奇度碧峰捫蘿樵徑細躡磴瀑泉重剔刷臨巖竇披尋到石鋒廉隅誰砥厲孕秀碧芙蓉

誰道培塿小參天柏松多時看丹鳳舞閒聽紫虬歌洞

嶽英靈聚神仙窟宅羅洞大標第一奈屈一籌何

何其炎 字師韓號菽汀蕭山舉人著有小春浮集

委羽山尋空明道人以上方石相贈

戒旦出城闉朋從挈三四竹木淡霜華巾裾襲冷翠修阪導紆威遥岑快投至蹤乏峰岫奇頗蘊巖穴秘敗屋支松崖殘碑剔苔字上八六數洞天空明此第二石脊㴴陰泉雲根絡崩豁螺尾縮旋旋鷩腳行跂跂誰聞欸乃聲東炬討深隧出幽復升高林麓獻清媚小石浮艮占爲方恊坤義縱横枰罫間層疊觚稜置界尺或平安圭

瑋或鱗次磊磊陳瑱函磷磷羅玉筍粉碎任千椎廉隅
終一致有仙山川靈出奇故相示我疑叱石人細切羊
脂膩不然煮糧餘飣飣偶拋棄鶴馭渺如煙修翮幾時
墜躑躅坐空林朔風振寒吹

王篪慶字景輝號心竹邑庠生辛酉殉難崇祀忠義祠

與趙禮南周問渠同遊委羽山分韻得尋字

第一空明洞仙蹤不可尋惟留丹井水小滌俗人心額
斷苔封字鏞懸客試音憐他塵弟子莫解助清吟
再入仙宮後擡頭望遠岑鵝飛疑鶴返洞在惜雲深方

石何須覓靈丹不易尋歸途花草滿小助發長吟

王承弼原名心簡字静明號莘農副貢生

九日偕陜西張佩璜山陰凌橋圃永嘉鄭小舫及

友人李復言王小林壻牟月波委羽山登高

跨鶴仙眞不可攀煙霞終古護禪關人逢九日思攜酒

客有同心約看山古洞雲深龍尙蟄遥天風緊雁初還

此行不用茱萸佩覓得丹砂好駐顏

躡屐紆迴上翠微一峰高擁緑成圍道人留客烹山茗

童子焚香掩竹扉石有廉隅堪砥礪花緣晚節更芳菲

洞天高會原難得，笑指峰頭踏月歸

姜丹書 字世銘號州言廩膳生辛酉殉難祟祀忠義祠

和鄒子翼師遊委羽山三絕

頻從座上挹春風，杖履追隨興未窮。偶到洞天尋勝迹，却疑真樂在壺中。

洞古雲深盡日閑，薜蘿繞徑未曾刪。當年控鶴人何處，賸有丹砂散滿山。

金崇梓 字亥振號繡林

夏月偕友人遊委羽山月上而歸

出郭四五里白雲何漫漫竹陰清繞徑樓閣聳林端福地多道侶神仙出其間自昔劉真人乘鶴委羽山我來方盛夏珠汗不曾乾攜客坐洞口涼風蕩心肝遂躋雙峰頂晴光生紫瀾回望土鼓巔雄濤入耳寒浮生一夢耳得此半日閒何當從赤松拂袖跨孤鸞爲弗隨老子騎牛出函關居我蓬萊島錫我九轉丹丹砂化方石烹煉駐容顏披揀不盈掬夕陽興欲闌恍若美人來還佩聲姍姍不覺片月上朗照徹塵寰狂歌驚宿鳥悠然天地寬

李棱青字薌園號棲雲福建福安縣人大挑知縣浙江候補同知

委羽山

千載仙人去不還洞天深鎖白雲間靈丹已煉翻成石化羽能飛竟墜山煙樹低迷青簡秘井花涼冷緑苔斑騎麟翳鳳都難詰季主幽棲足待攀

張英元字梅譜乙酉選貢著有一葉齋詩草江南遊草行世

至黄巖登委羽山郎東山人張雪笠

神仙控鶴青天高雲中隱隱吹玉簫十洲三島出復没海天到處供遊遨有時墮翮倏委地化爲一座青岧嶤

千丈萬丈不可計縹緲直欲凌煙霄上有丹臺照耀之
星斗下有銀海激宕之波濤千年滴松瀡三秀生芝之苗
此是宇內第二洞天處至今仍復居仙曹我欲入山孰
引導山中鶴馭不可招辛有山人雪笠子平生素結忘
形交賴君芒屩借伴我枯藤挑循崖剔苔蘚入洞披蓬
蒿拾得仙遺一塊石方圭蒼潤如瓊瑤遊興未盡下山
去白雲冉冉風蕭蕭君欲留我傾五斗我且乞君揮雙
毫胸中邱壑貯腕底雲煙飄我歌一曲猶皮毛何如君
家妙筆圖生綃

孫拱宸字會樞號範堂邑庠生著有灌書草堂詩鈔

秋曉訪羽山秀山道人

看尋秀山子迤邐出林開水宿涉金莖煙消見羽山涼蟬秋一路古洞屋三間小憩高人榻仙風清汗顏

王樂□□名旭東字□□號碧橋著有炳燭齋詩草

遊委羽山偕家少林子莊蔡仲吹諸□社

爲訪眞人入翠微洞前深鎖白雲扉金沙瀝落還丹賸鶴影蒼茫片羽飛竹裏斜陽紅過眼松頭宿雨翠沾衣未知何處參眞訣世事如塵不忍歸

程龍光號杏樓吳縣人邑丞

立夏日喜李蓉裁至同遊羽山

碧草依依水一灣，連宵紅雨送春還。遂人來明月清風裏，身住天台雁宕間。作客遑辭千里遠，課兒祗爲一官閑。仙蹤爭說沖霄鶴，與爾重尋委羽山。

豪情逕寄萬峰巔，繞郭林巒斷復連。十里紅酣貽口雨，萬竿綠障洞中天。採芝尚熱燒丹火，煮茗平分洗藥泉。策騎九峰山下過，絲絲楊柳碧成煙。

盧德儀戊午舉人，埧孫女。著有焦琴閣賸藁一卷。

委羽懷古

寂寂空明境仙蹤何處尋亭前雙白鶴展翅入雲深

和外遊羽山詩

危峰縹緲落人間薄霧初開路幾灣清磬一聲聲破曉閒花如雨滿春山

一翻風景一翻新絜果蘭言記夙因鶴自翩翩梅自瘦累儂無福作閒人

錢國珍字子奇江蘇舉人浙江候補知縣著有峰青館詩鈔

委羽山洞次張子璺嘉樹元韻

兹山有仙跡徑曲不知門樹密藏巖窟泉甘識水源空亭留鶴羽奇石斷雲根何處鍾聲響元談待共論

吉正常 號瀛帆江蘇丹陽人署邑丞著有古歡堂詩鈔

丁卯春日陳子餘司馬招遊委羽山洞郎席有作

黃巖委羽山洞天稱第二四面無依屬蒼秀何特異大有空明天詳載十洞記天台雁宕間兹山難位置洞中有神仙俗吏未敢至今兹歲在卯二月春光媚陳君湖海士邀我遊勝地洞口桃花開竹柏盃交翠方石生山椒煮之有葯味鶴影歸長空洪鍾留古寺言偷半日閒

遂我遊山志諸君皆雋才未許瑶章示巴人獻蕪詞來
乞換鵝字願續靈運詩欣陪山簡醉夕陽沈西山歸與
發清思嘉餚飫郇廚何以報寵賜

趙之謙號撝叔會稽人已未舉人

陳子餘司馬招同王子爾程雲九吉子振飲委羽

山洞郎和子振原韻

洞天三十六委羽能居一空明不可說窺穴了無異神
仙事恍惚甲乙誰所記欲入抉幽怪中有丸泥置奇聞
賤耳食靈境虁身至道人不群事相惎以爲媢壘石阴

洞門築亭侵隙地夕陽在屋角四顧失山翠聊吸丹井
水一哈呼知味昔我遊天台再宿石橋寺路旁蓋竹洞
視此足比志俗士强標目山僧驚指示無能剔荒蕪豈
合益文字桃花方笑人風前弄沈醉獨鶴何處飛得無
故鄉思且拾方石歸是塊亦天賜

王維屏字廣權一卷 字秀銓號枕泉著有秋雨耕心草

委羽石屋讀壺道人所汪青華秘書郎題其後

委羽終年石室扃懶將符籙校金庭紫陽昨授長生訣
勝讀靈飛六甲經

芝泥玉檢上清儲誰識青華古秘書我已煙霞成痼疾

元闗一竅悟空虛

王　棻字居煥一字子莊號雲酣著有冰雪文詩文集

携李沈碧珊獲方石數枚甚寶之屬銘焉因題

邱金之子控鶴委羽丹竈餘砂詒我髙槩

姚　熊號杏樵鑑湖人

七夕偕姑蘇程贊府杏樓乃弟日東邑士朱德園

官嘯樵委羽洞紀遊歌

天台四萬八千丈奇峰怪石列蒼莽地脈蜿蜒東復南

直走永甯始平敞中有小山鬱葱葱仙之居兮靈氣鍾自從劉子委羽去洞口白雲空自封白雲無侶嚴阿寂紅葉綠莎秋瑟瑟吳門一程遊興豪喚取洪崖訪精室提壺載榼去錦城七月七日天氣清左挽虔士（謂朱君德園）右成叔（謂上官嘯樵）余亦逍遥忘俗情行行未到空明處秋爽逆人撲眉宇碧柰林閒送梵鍾綠楊村裏敲田鼓（時乃不雨村中多鼓吹祈澤）峰回路轉近上方門掩蘿蕪徑欲荒古苔積地一寸厚老木矗天百丈長入門曠覽疑壺嶠鳥自飛鳴花自笑虛堂寂靜不見人清磬一聲落山坳（去聲）洪

都道士浮丘伯把袖相迎笑相悅三華氣聚靜入神九轉丹成靈徹骨崆峒逸老不知年攜杖躑躅來筵前形容古怪儺睟煙眉背穹窿法相圓呼童汲水靈巖裏活火紅泥烹石乳金荷玉笋壺公壺雲氣卷舒霧吞吐五椀七椀陸羽評兩腋清風習習生黃庭半卷繙瓊笈道德千言溯玉京玉京已杳留仙窟欲到仙源尋仙跡百步九折轉迴廊修竹森森蔭空碧竹林深處洞門開石檻斑斕點綠苔自然深秀天然趣厭棄人間金銀臺初行洞口平如砥四壁空濛煙霧起撩衣舉足入幽深遡

仄不能容步履依稀一綫路微通捫壁循行與求窮漸行漸折不可測滴滴巖泉石隙中瓊樓玉宇渺難見天地昏黄日色暗逡廵止步出雲巖却立彷徨發長歎吁嗟瀛島本虛無仙不愚人人自愚空明境界隨心地何必神仙定紫都神仙樂事惟詩酒秋月春花閒消受吾儕得意須盡歡莫把年華長辜負斯時逸興轉豪狂拍手高歌右洞旁孺腔信口翻二疊村釀澆愁累十觴黄粱飯熟日當午藉草幽眠忘秋暑幷刀涼切綠沉瓜楸枰靜較青桐譜座中程尹發新思獨起行吟傍竹籬裁

紅刻翠偏子屬洞前竹林偏刻題咏杏樓口占一律予代刻之金石刻書臣能爲黎句用昌上鐫日月記時序下列姓名誌游侶蟲雕未竟晩風來一抹斜陽過煙渚赤城霞起月輪高耿耿銀河駕鵲橋會須卧看牽牛去歸路渾疑下碧霄翩翩羽士勤相送明月一鉤行與共回看山翠淡無痕更約青逰來入夢

宋永正號伴鶴臨海道士

夜宿委羽山有感

竹林深處絶塵囂洞口花開春自饒鶴影舊茫仙跡杳

江天滿眼一霜毛

樓對青山明月高風來窗外落松濤猿煙滿目歸何日時土匪竄擾郡城一夜消愁借濁醪

王　璣字孔權號笠舟庠生

委羽紀遊

何事桃源去問津此間原自隔紅塵參天修竹能消暑

澆徑閒花不識春出屋茶煙雲裏淡到樓山色雨中新

浮沉世網終無益欲借名山老此身

裘雲棟字良才江左人以布理問候補浙江

委羽山行柬王嘯林

山以仙翁傳委羽若溪名勝著寰宇春晴策馬試南郊結伴來訪清虚府行了山灣又水灣疎松夾道緑廻環鳥啼花落自清絶別開眼境非人間此山舊是神仙地大有洞天居第二洞前古碣半苔封洞門修竹千竿翠欲窮仙窟探峪谽桃源門徑中已扃風來頓覺塵襟爽翠然高望憑虚亭亭外忽有羽衣士爲余備述劉仙子逍遥一去不復還當年委羽曾於此吁嗟乎道家修道難復難幾見跨鶴上雲端我欲十洲三島尋仙侶安有

天爐地鼎鍊神丹

王詠霓字偁驤號紫裳

借宗少林遊委羽山

近郭浮嵐外蠟屐命儔餘極元陰洞細侍立四山俱仙夫去已遠塵想滌何如片羽長墮落登真尪隱居琪花綴幽谷方石出丹爐碧天雲蕩漾翠竹景扶疎鳥啼時在樹谿流漸漲渠鶴伴猶紺宇龍威有秘書堪爲飛遯者謝覓醫無閭

王維翰字廣鈴一字子壘號嘯林

委羽洞東曉岫煉師

天涯感倦游秋風鐵鴻翮出郭叩巖扉婰娟淨蘿辟虛𢧐半弓相顧洞天窄小坐滌塵襟一庭森寒碧道人仙骨珊饒有書畫癖精廬具佳茗渴飲風生腋我昔山乘綈緗嗜採擷校讎付手民將以藏石室養生非所期煉形謝黄白琴餘一長嘯吟興動岸幘殘照覓歸途霜林媚紅葉回首風塵非白雲滿山脊

楊晉藩字蕉隱陽湖人侯補知縣

孫歡伯司馬招遊委羽山

夾道松篁合仙壇白晝陰偶隨一峯轉疑入萬山深書
換空明舊詩追洛社吟我來頻過此風月幾登臨
虛亭圍竹暗四望獨登樓雙桂初含粟孤雲已作秋石
方丹灶冷洞古玉煙浮舉手招飛羽乘風汗漫遊
子荆誠好客胥次染青霞拔本惟除薙尋源只種花摩
崖剔蒼蘚放筆走龍蛇更約中秋月同迴博望槎

蔡國棠字甝候邑諸生

遊委羽山

一徑入煙霞春山爛熳花石壇遺鶴羽仙竈賸丹砂脩竹

風聲度高槐日影遮洞中有東海吾欲此浮家

許長綬字又鄰一字夢華山陰諸生

春日探委羽山第二洞天

靈境闕近郊幽探及春早循途芳蘼紆引勝碧流邊晴曦散朝烟秀出林巒小沉沉鐘磬音隨風度嶺表蘿徑披蒙叢琳宮矚窅窱洞古石氣濃亭虛嵐光飽松籟號飛湍竹陰蔽清曉座上劉真人臨風冠珮好鶴去千餘年仙蹤儼可考稜稜方石奇粒粒丹砂皦煮石餘空潭鑒之鬚眉了遂令衆羽流茲山據爲寶松喬非所期泉

石凤在抱倦游厭風塵忘機晚魚鳥何當脫世鞿結廬此終老

春日偕孫猷伯司馬楊宥隱大令沈臨之參軍暨諸同人宴游委羽山

郭外一峯秀真人舊結廬西風吹蠟屐古洞訪丹書倚松根斷鐵浮玉篆虛向空招白鶴何日一歸歟蓬壺渺何處即此證空明秋水半潭浮煙霄一羽輕簪譜聯勝友詩酒澹浮名我亦羈塵俗遊潛慕長生清磬動林泉仙雲懶不飛寂瓢生竹徑空翠潤羅衣筆

落推張旭詩成抗李頎　昌尋方石去臨邑到巖扉

右委羽山續志六卷吾友小林之所輯也小林淸才絶俗留心桑梓文獻與予頗有同志既得胡伯舉委羽山志遂搜緝鄉先輩遺聞舊事題咏詩文爲續志六卷併刻之以廣其傳其爲書之例有三善焉續志與前志各爲一書不沒胡君之舊一也採次舊聞冥搜博訪借名山以徵文獻二也前志侈言神仙續志表章儒術使學者有所感發興起三也有此三善其可傳也必矣而或者援古人山志之例以氾濫譏之不亦過乎予不能文喜此書之成不徒爲名山生色實足爲桑梓之光也爰

爲之書以諗世之覽是書者同治九年陽月黃巖王棻